VOL. 55

Dados Internacionais de Catalogação na Publicação (CIP)
(Câmara Brasileira do Livro, SP, Brasil)

Leal Filho, Laurindo
  A melhor TV do mundo / Laurindo Leal Filho. — São Paulo:
Summus, 1997. (Coleção Novas buscas em comunicação; v. 55)

  Bibliografia.
  ISBN 85-323-0596-2

  1. BBC – História 2. ITV – História 3. Telecomunicação
4. Televisão – Aspectos sociais 5. Televisão – Programas I. Título
II. Série.

96-5420   CDD-384-55

Índice para catálogo sistemático:
1. Televisão: Comunicação: História 384-55

Compre em lugar de fotocopiar.
Cada real que você dá por um livro recompensa seus autores
e os convida a produzir mais sobre o tema;
incentiva seus editores a encomendar, traduzir e publicar
outras obras sobre o assunto;
e paga aos livreiros por estocar e levar até você livros
para a sua informação e o seu entretenimento.
Cada real que você dá pela fotocópia não autorizada de um livro
financia o crime
e ajuda a matar a produção intelectual de seu país.

A melhor TV do mundo

O modelo britânico de televisão

Laurindo Lalo Leal Filho

summus editorial

A MELHOR TV DO MUNDO
O modelo britânico de televisão
Copyright © 1997 by Laurindo Leal Filho
Direitos desta edição reservados por Summus Editorial

Capa: **Roberto Strauss**
Impressão: **Sumago Gráfica Editorial Ltda.**

Summus Editorial

Departamento editorial:
Rua Itapicuru, 613 – 7º andar
05006-000 – São Paulo – SP
Fone: (11) 3872-3322
Fax: (11) 3872-7476
http://www.summus.com.br
e-mail: summus@summus.com.br

Atendimento ao consumidor:
Summus Editorial
Fone: (11) 3865-9890

Vendas por atacado:
Fone: (11) 3873-8638
Fax: (11) 3873-7085
e-mail: vendas@summus.com.br

Impresso no Brasil

*À memória de Edgard Roquette Pinto
e ao seu sonho de que o rádio pudesse ser um dia
colocado a serviço da sociedade.*

*e à Luzia Mei,
na esperança de que seus sonhos (que estão só começando)
se realizem.*

SUMÁRIO

Agradecimentos	9
Introdução	11
Prefácio	13

CAPÍTULO 1

O Modelo Europeu 17
As origens 17
A autonomia relativa 20
O modelo comum 23
As formas de controle 25
Conclusões 26

CAPÍTULO 2

O Mercado Britânico da Mídia 29
Os jornais 30
Liberdade e controle 34
As empresas de televisão 36
Cabo e satélite 40
Conclusões 43

CAPÍTULO 3

A Televisão Independente 47
A quebra do monopólio 47
A nova televisão 50
O fim do duopólio 53
Controle de qualidade 54
Conclusões 56

CAPÍTULO 4

A BBC 59
Os princípios do serviço público 60
A empresa 63
A corporação 66
A guerra 68
O duopólio 71
A concorrência ampliada 73
A independência em questão 77
Conclusões 79

CONCLUSÃO 83

APÊNDICE 86

A pesquisa 86
A hipótese e os objetivos 87
Metodologia de pesquisa 87
Revisão da literatura e coleta de dados 91
A Europa 93
Interpretação dos dados e apresentação dos resultados 99

ANEXO 103

Os lances e as propostas para o novo canal 5 103
Bibliografia complementar 107

AGRADECIMENTOS

Este livro é resultado do trabalho desenvolvido durante um ano e meio na Grã-Bretanha. Um empreendimento desse tipo só se realiza com uma grande mobilização de forças materiais e afetivas. Para tanto contribuíram numerosos amigos nos dois continentes. A lista de agradecimentos é longa, mas imprescindível.

Começo pelas instituições que deram o apoio material necessário: ao CNPq, pela bolsa de pós-doutorado; à USP, por intermédio do Departamento de Jornalismo e Editoração da Escola de Comunicações e Artes, pela licença concedida, e à Universidade de Londres, por meio do Departamento de Mídia e Comunicação do Goldsmiths College, pela acolhida e pelos recursos colocados à minha disposição.

Aos ex-colegas da Pontifícia Universidade Católica de São Paulo e amigos de sempre Maria Eliza Mazzili Pereira, Maria Amália Abib Andery e Aloisio Mercadante, pelo apoio concreto dado em momentos cruciais da empreitada. Aos colegas de Departamento, na ECA, Edivaldo Pereira Lima, Wilson da Costa Bueno, José Ferreira Cintra e Sebastião Squirra que assumiram temporariamente as minhas tarefas didáticas e a Cremilda Medina, pela solidariedade. E a todas as secretárias e funcionárias do departamento que sempre se mostraram solícitas em São Paulo.

Aos vizinhos da Praia Grande do Bonete, Milton e Janete, Roberto e Tereza, Miguel e Helga, Silvinha e Machado, Tai e Vic, pelo apoio e incentivo dados antes, durante e depois da viagem. Aos professores José Marques de Melo, Maria Lúcia Santaella Braga e José Salomão Amorim, pelo apoio no Brasil, e Sonia Serra e Othon Jambeiro que, em Londres, ajudaram a abrir as portas acadêmicas britânicas e abriram literalmente as portas de sua casa para abrigar uma família brasileira.

Aos professores James Curran, Ivor Gaber e John Beacham pelo apoio e disponibilidade demonstrados durante todo o período de trabalho no Goldsmiths College e aos funcionários do Departamento de Mídia e Comunicação daquela escola, Sheila, Joan e Collins, pelo carinho e afeto demonstrados todos os dias.

Ao embaixador do Brasil no Reino Unido, Rubens Antonio Barbosa, e aos conselheiros da embaixada em Londres, Eduardo Grandilone e Marcos A. Galvão, pela promoção de eventos que ampliaram meus conhecimentos sobre as relações Brasil—Reino Unido em geral, e sobre a comunicação em particular, e pelas manifestações de gentileza demonstradas ao longo do trabalho.

À Laura, ao André e à Sandra que seguraram a linha de apoio familiar na rotina da vida no exterior, e ao Lúcio, meu irmão, pela retaguarda imprescindível mantida no Brasil.

INTRODUÇÃO

Assistir a um documentário da BBC ou dar boas risadas com o velho *nonsense* do grupo Monty Python é sempre um grande prazer. Jornalismo e humor de qualidade são marcas registradas da televisão britânica, ao lado das grandes adaptações teatrais, dos programas infantis e dos espetáculos de música. Por isso, no Brasil, quando alguém quer dar um exemplo de boa televisão, quase sempre a BBC é a primeira lembrança que vem à cabeça.

Existem motivos de sobra para que seja assim. Afinal são setenta anos de uma história que começa com o surgimento do rádio, torna-se heróica nos tempos da guerra e sobrevive às pressões privatizantes da década de 1980. Para manter um alto padrão de qualidade durante todo esse tempo, são necessários, além de muita competência, outros ingredientes culturais e institucionais.

Eles é que permitem explicar o sucesso da televisão britânica, do qual a BBC é apenas parte. Ela divide o espaço com a Televisão Independente, mantida pela propaganda e que produz programas com o mesmo nível de qualidade da sua tradicional concorrente. Essa é a riqueza criativa do modelo, no qual a competição se dá pela audiência e não pelo mercado. E é também a primeira pista que ajuda a explicar por que essa televisão é tão bem-feita.

No entanto, para entender como isso funciona é preciso que o leitor brasileiro dispa-se de idéias preconcebidas e comece a pensar, por exemplo, que o rádio e a televisão podem ser, antes e acima de tudo, serviços públicos e não apenas mercadorias. E que telespectadores e radiouvintes, antes de serem consumidores, são cidadãos.

Ao longo deste livro você vai conhecer uma obra primorosa de engenharia institucional. Ela é responsável pela criação e manutenção de um modelo de rádio e televisão sem similar em todo o mundo. O resultado aparece na produção de programações de alto nível, reconhecidas pelo britânicos como "a principal jóia de nossa coroa cultural e uma imensa força de prestígio". Sem esquecer, no entanto, que existem lacunas, omissões e desvios políticos. Além de fortes e contínuas pressões para que tudo isso acabe. Afinal, nada neste mundo é perfeito.

Mas o rádio e a televisão britânica, apesar de suas peculiaridades, fazem parte de um modelo abrangente instalado na Europa Ocidental na década de 1920. É mais fácil explicá-lo pela sua negação, que é o sistema norte-americano (e o brasileiro também). Nestes, diz um autor, a propaganda é a principal convidada do banquete, enquanto na Europa ela é apenas tolerada e vai ocupar o lugar mais discreto da mesa. Por isso o livro começa tratando do modelo europeu, com suas semelhanças e variações internas.

Ele mostra que hoje esses sistemas mantêm contatos estreitos com o mercado internacional da mídia. No caso britânico, o serviço público tem uma vertente mantida pela propaganda, e, para explicá-lo, é preciso conhecer como se dão essas relações. É por isso que o segundo capítulo se chama "o mercado britânico da mídia".

No terceiro e quarto capítulos é que está contada, primeiro, a história da Televisão Independente e depois a da BBC. São as duas faces de um mesmo serviço público, voltado para a informação, a educação e o entretenimento de toda a sociedade.

Para os interessados no método empregado para desenvolver esse tipo de trabalho fica reservado o último capítulo. Ali está a história da pesquisa que originou este livro, com um relato dos caminhos percorridos para enfrentar um objeto em transformação e dar a ele algum tipo de organização. Há também uma revisão da literatura sobre o tema. Isso talvez sirva para facilitar a tarefa de outros curiosos que queiram aventurar-se em novas empreitadas pelo fascinante mundo do *broadcasting* britânico.

PREFÁCIO

Com a possível exceção dos formalistas impenitentes, todos os demais o conhecem como Lalo. Para o fato, há uma explicação estética e outra filosófica. De fato, Laurindo não é propriamente a expressão mais sonora do vernáculo com sua dissonante nota alta. E nesse caso particular, Leal não é um nome próprio, mas a definição de um modo de vida.

Posso imaginar quando contaram ao pequeno Laurindinho (ou já seria Lalinho) que ele era Leal. "Puxa vida" — teria resmungado o garoto — "então não vou poder ser sacana como as outras pessoas?". Isso mesmo. Temos aqui o caso de um nome que se impôs à pessoa, formou-a, construiu-a e a definiu. E Laurindo Leal da Vila Mariana cresceu Lalo, o leal, solidário, companheiro, dasapegado de si próprio, fundamente vinculado aos amigos, aos colegas, às causas públicas, eticamente dirigido por idéias de liberdade, justiça e igualdade.

No entanto, ao chegar à idade adulta, nem ele próprio estava convicto de ser assim um tão bom caráter. E resolveu testar-se e submeter seus princípios ao impacto da realidade. Então, aplicou-se a três das atividades humanas mais deletérias, corruptoras, individualizadoras e egoístas, verdadeiros testes de Satã para os cristãos que aspiram os céus: a política, o jornalismo e a academia.

A política, como se sabe, é a fogueira das vaidades, refúgio da megalomania, das ambições de poder e de outras neuroses mais ou menos furiosas. Lalo passeia por aí, militando no meio sindical, social e universitário. Nos três campos, alcançou cargos de ampla responsabilidade. Exerceu-os de forma justa e serena, fiel a seus princípios e convicções. O poder, a autoridade, não o fascinaram, não foram capazes de corrompê-lo. Não transformou a gestão pública em carreira, deixou os cargos com a mesma humildade com que os assumiu, retomando a militância de base, da qual, na verdade, nunca se afastou. Venceu o teste, continuando o mesmo Lalo, leal, de sempre.

Na imprensa, vicejam também vaidades e neuroses, atraídas pela sedução do monopólio da fala, da condição de árbitros supremos da opinião pública. O topo do mundo, a glória de ungir-se entre a elite falante de uma sociedade muda; de expressar-se para os inexpressivos; de cultuar uma verdade própria e única em um mundo onde predominam os matizes foscos e ambíguos. Expressar-se é impor-se, comunicar é distinguir-se, ser reconhecido, transitar pelo prestígio e pela fama. E controlar a informação, sabe-se, é colocar-se no patamar do poder. Lalo jornalista pouco opinou, pouco assinou, não buscou utilizar os veículos a que teve acesso como fonte de prestígio pessoal. Preferiu sempre ouvir a falar, ponderar as razões múltiplas a opinar, colocando-se, na medida do possível, como um elo de transmissão entre as fontes e o público. Ainda aqui recusou a autoridade da expressão indiscutida, o poder de possuir uma audiência cativa e inerme. É certo que busca a verdade, mas sem tutelá-la, nem apropriar-se dela. Sua verdade é tênue, movediça, mutante, pois emanada da realidade, da pluralidade de interesses e opiniões que constituem o cotidiano e que, desse modo, devem ser consideradas. Para que possa emergir em sua forma múltipla não é necessário que o jornalista o afirme, mas apenas e tão-somente que busque permanentemente democratizar a informação, facilitando-lhe o trânsito do emissor real ao receptor desmassificado. De certo modo, para Lalo, o leal, passar por esse teste era preciso para compreender o jornalismo como a busca permanente da humanização do homem, da sua condição de agente social e da democracia.

Nada disso, é claro, é muito fácil. A opinião pública é um enigma, um problema não resolvido. Não seria o bastante uma prática na imprensa, mas seria preciso acompanhá-la de uma reflexão teórica e crítica sobre os meios industriais de comunicação, seu papel e possibilidades no universo do lazer e da informação que constituem, hoje, parte ponderável do próprio universo humano...

Então, Lalo mandou-se para a universidade, para a pesquisa acadêmica. Outro reino da elite, da presunção, refúgio do orgulho estéril em clima de competição desenfreada e desesperada. Como regra, cada qual deve postular a própria genialidade, buscar galgar a notoriedade e a autoridade emprestadas pelo saber. E comportar-se como tal. O intelectual, em princípio e antes de tudo, deve ouvir a própria voz.

Mas nem todos. Há os que estudam, pesquisam e ensinam sem procurar glorificar-se, tendo em mente apenas as suas descobertas, invenções, conhecimentos produzidos, e ensinamentos transmitidos, para realmente aplicar-se e servir à humanidade. É o que dá significado à Universidade. E é por isso que Lalo leal faz sentido. Sua atividade impregnada desse apego aos homens e às coletividades enobrece e dá significado à política, ao jornalismo e à universidade, os três campos em que atua, e que são simultaneamente tratados neste livro.

Lalo leal, repórter, pesquisador, investigando a estrutura dos *media*, o regime de propriedade dos veículos, os sistemas internos de autoridade e controle, os registros e a importância da audiência, os fluxos e o equilíbrio noticioso, e as formas de controle social. Por definição, um veículo industrial de informação só pode, numa concepção democrática, estar a serviço e sob controle do público a que serve. Como obtê-lo?

Em aventura anterior, Lalo leal já recusara as benesses do prestígio e da notoriedade de encontrar-se no centro do palco, e se colocara "Atrás das câmeras" (Summus São Paulo, 1988) no qualanalisou a emissora pública de São Paulo (TV Cultura). Ali se encontram os pressupostos básicos, os fundamentos da pesquisa atual. Não se trata propriamente de discutir o regime de propriedade (privado ou estatal), mas as formas de controle da programação socialmente estabelecidas e seu reflexo nas relações com a audiência consumidora. Formas de controle implicam imediatamente uma relação estrutural com o aparelho de Estado e a ordem política legitimada. E sua aplicação passa, também imediatamente, pelas concepções vigentes e afirmadas da cultura.

Não é pouco. E pode-se dizer que Lalo leal, verificado e repassado o histórico da TV Cultura, saiu detrás das câmeras um tanto desanimado. Mas, depois de uma temporada fecunda e agradável no ambiente londrino, regressa otimista e exultante, com uma tese prontinha que nos anuncia a "A melhor televisão do mundo".

Aqui, devo fazer um parênteses esclarecedor. As introduções de livros acadêmicos em geral falam da obra, para apenas nas últimas linhas referir-se ao autor. Procedi ao contrário em razão do título do trabalho. Como o próprio Lalo acentua, a televisão ainda é um objeto desconhecido do intelectual. Na verdade, eu mesmo sempre acreditei que a melhor televisão do mundo é a televisão desligada. Ou, se há um livro com esse título, deveria tratar metaforicamente das janelas abertas do apartamento da vizinha e trazer como brinde (gratuito) um telescópio. Assim falei do Lalo primeiro para esclarecer que seria incapaz de escrever um Manual do Perfeito *Voyeur*, e que sua obra referése mesmo àquelas singelas caixinhas escuras que o saudoso Lalau Ponte Preta descrevia como "maquininhas de fazer doido".

Descobrirá o leitor brasileiro que a Globo não é tudo, afinal. Nem a TVE é intrinsecamente tão chata como parece ser seu inexorável destino. Lalo leal escarafuncha os subterrâneos da BBC, ou, melhor dizendo, do sistema inglês de rádio e televisão, para nos contar que há túnel no fim da luz; que controles sociais eficazes e estáveis, a vinculação ao aparelho de Estado como um todo, e sobretudo a concepção de que se trata de um serviço público fundamentado em que a informação é um bem comum e que a pluralidade e especificidade cultural do público devem ser estimuladas e respeitadas, podem aprofundar o misterioso túnel da inteligência para além das luzes evanescentes do espetáculo vazio.

Lalo leal descreve a experiência inglesa, comenta as especificidades, analisa e critica, mas sempre com um olho posto no Brasil, na desinformação corrente, no vedetismo, na manipulação que caracteriza o modelo aqui vigente. Claro que não diz isso. É polido e político ao construir passo a passo uma plataforma de uma sólida política de telecomunicações para o país. Lembrame um amigo meu, antigo reitor, que após me mostrar um artigo que escrevera, perguntou se eu não achava tratar-se de um programa para o ministério da educação. E ele veio a se tornar ministro, e um bom ministro. Pois na minha república (Alô, Fernando, aquele abraço!), com o programa e as idéias que aqui se desenvolve, sua hombridade de caráter e firmeza de ação, eu não teria dúvidas: Lalo leal seria ministro das comunicações. E ainda assim sobreviveria. Então, afinal, fica aqui, modestamente, a minha sugestão. E muito obrigado.

Orlando de Miranda

Capítulo 1

O MODELO EUROPEU

O rádio e a televisão são veículos da produção cultural de um povo ou de uma nação e, para exercerem essa tarefa não podem ser contaminados por interferências políticas ou comerciais. Ainda que marcada por uma forte dose de purismo, foi essa a concepção que sustentou durante quase sessenta anos o modelo de rádio e de televisão adotado na Europa ocidental. Trata-se de uma formulação ideológica, elaborada pelas elites culturais do continente que, por meio dela, justificaram a adoção do modelo público. Há duas outras possíveis explicações: as de ordem técnica e as de origem política. Neste capítulo serão analisadas as razões que levaram à implantação desse modelo, suas características centrais e as diferentes relações existentes entre as emissoras e os governos nacionais.

AS ORIGENS

As três razões apresentadas para explicar a adoção do modelo público na Europa ocidental, embora formuladas por fontes diferentes, não podem ser consideradas excludentes. Na verdade há sempre um conjunto de razões culturais, políticas e técnicas envolvidas nessa escolha. Acontece que as pessoas ou grupos que apresentam uma das justificativas costumam excluir as demais. Isso fica nítido principalmente ao se analisarem os discursos e documentos formulados pelo fundadores do sistema que enfatizam, quase de modo absoluto, as razões culturais, passando rapidamente por algumas questões técnicas e ignorando qualquer motivo político. Do outro lado, os analistas críticos do sistema ressaltam as razões políticas que levaram à sua implantação, ignorando que o modelo público tem uma forte sustentação na sua dimensão cultural. Para entender suas raízes é preciso mesclar as três fontes de apoio.

As razões de origem cultural estão presentes nos discursos do primeiro diretor geral da BBC, John Reith, que as colocava em oposição às propostas comerciais e às interferências políticas. Dizia ele, por exemplo, em 1926, que "fazer dinheiro não era negócio do rádio" e, ao mesmo tempo, exigia independência do "governo do dia", afirmando que um dos objetivos do novo veículo era "propiciar a criação de um eleitorado mais inteligente e iluminado, tornando-se um fator de integração para a democracia" (Briggs, 1985).

Na prática, o rádio e depois a televisão vinham somar-se aos empreendimentos culturais responsáveis por gerar e disseminar a riqueza lingüística, espiritual, estética e ética dos povos e nações. Eles se colocavam no mesmo setor da sociedade em que estavam localizadas as universidades, as bibliotecas e os museus, e a população os reconhecia dessa forma, distante da esfera dos negócios ou da política de partidos ou grupos. A constatação de que a BBC é chamada por muitos britânicos de "tia" e a RAI é a *mamma* de parte dos italianos reforça a idéia de que essas emissoras integram o patrimônio cultural de suas respectivas nações.

Para implantar um sistema de rádio e televisão capaz de dar conta desse tipo de proposta só havia a alternativa do serviço público. Tanto o modelo estatal, que ensaiava seus primeiros passos no mundo soviético, como o modelo comercial, que se implantava nos Estados Unidos, estavam longe de atender àquelas expectativas, dada a contaminação comercial de um e a política de outro.

Nesse ponto é importante ressaltar as palavras que formam o conceito "serviço público". Elas são chave para entender toda a concepção do modelo de *broadcasting* adotado na Europa ocidental. Trata-se, em primeiro lugar, de um serviço, o que indica a existência de uma necessidade da população que precisa ser atendida. E público porque, segundo os idealizadores do modelo, é um atendimento especial que não pode ser feito por empresas comerciais ou órgãos estatais. Os veículos prestadores desse serviço devem ser públicos e por isso mantidos total ou parcialmente pelo próprio público. Só assim seriam capazes de dar conta de sua vocação cultural.

A segunda razão é de ordem técnica e está apoiada no fato de os Estados nacionais deterem o controle do espaço por onde transitam as ondas de comunicação e, mais do que isso, serem responsáveis pelo ordenamento do seu uso, caso contrário a superposição de freqüências tornaria todo o sistema caótico. No caso inglês, resolveu-se o problema aplicando-se ao rádio a mesma legislação que dava aos Correios o poder de controlar as comunicações no país. Foi a forma adotada para contornar um fato concreto: em 1922 já existiam quase cem pessoas querendo explorar comercialmente o rádio. O surgimento da BBC foi a solução técnica para o problema, segundo Peter Eckerlery, um dos primeiros funcionários da companhia (Seaton, 1991). "Era a escolha entre o monopólio e a confusão", dizia o jornal *Manchester Guardian*, numa edição de 18 agosto de 1922. O diretor geral dos Correios incentivou as empresas interessadas em explorar o novo meio de comunicação a formar um conglomerado que deu origem à BBC, cabendo às seis maiores constituir a companhia.

É verdade que, desde antes da Primeira Guerra Mundial, o rádio já vinha sendo usado para transmissões militares e entre navios. Surgiram também as primeiras sociedades de pioneiros, entusiasmados com o uso da nova invenção, que construíam equipamentos para conversarem entre si. Durante a guerra essas atividades ficaram proibidas e o uso do rádio tornou-se exclusivo dos militares. Na Inglaterra, só em 1922 os civis puderam voltar a usar o rádio, proliferando a construção de aparelhos domésticos, com material importado do continente ou dos Estados Unidos.

O surgimento da BBC, como empresa, foi também uma forma de controlar essa produção e garantir o mercado aos produtores britânicos de equipamentos, dando ao mesmo tempo, para o governo, a tranqüilidade de ter apenas um interlocutor nessa área. Procurou também desencorajar a produção doméstica e artesanal dos receptores de rádio. Além disso o governo criou uma taxa de dez *shillings* (soma considerada alta na época) a ser paga por qualquer pessoa que possuísse um aparelho de rádio. Metade desse dinheiro ia para a BBC e metade para o próprio governo. Foi a origem da licença paga, em vigor até hoje e que sustenta parte do sistema público britânico de rádio e televisão. Todos os outros países da Europa ocidental, com exceção da Espanha, adotaram formas semelhantes. O Quadro 1 mostra as diferentes fontes de recursos adotadas pelos maiores serviços públicos de rádio e televisão em todo o mundo.

Quadro 1
FONTES DE FINANCIAMENTO DOS MAIORES SERVIÇOS PÚBLICOS DE RÁDIO E TELEVISÃO DO MUNDO

SVT (Suécia)	
BBC (Reino Unido)	
NHK (Japão)	
ABC (Austrália)	
FR3 (França)	
CBC (Canadá)	
NOS (Holanda)	
ARD (Alemanha)	
RAI (Itália)	
ZDF (Alemanha)	
Antenne 2 (França)	
PBS (EUA)	
TVNZ (Nova Zelândia)	

Legenda:

Licença paga ——— Publicidade ▰ Outras receitas ▬

Governo ▬ Doações ▰

Embora, no caso inglês, a licença paga persista até hoje, a companhia formada pelas seis empresas construtoras de equipamentos de rádio durou só cinco anos. Apesar das restrições legais, os radioamadores continuaram montando seus equipamentos e as empresas que ficaram fora do conglomerado, aliadas a interesses dos donos de jornais, passaram a fazer forte pressão contra o que consideravam um privilégio da BBC, que acabou sendo fechada e transformada numa corporação pública em 1927 (O surgimento da BBC será analisado em detalhes no Capítulo 4).

A terceira razão é de natureza política. O momento da implantação do sistema público do rádio na Europa ocidental coincidia com o crescimento do fascismo, do nazismo e do comunismo no continente; com a crise econômica mundial que culminaria com a quebra da Bolsa de Nova York e o fim da República de Weimar; com uma grande agitação de trabalhadores em todo o mundo como conseqüência do surgimento da União Soviética e com o crescimento da "miséria, fome e desespero na periferia das grandes cidades européias". Esses fatores teriam influenciado na criação de um modelo que se tornaria "monopólio das elites" (Jambeiro, 1994).

Dentro dessa perspectiva, o que ocorreu foi "o controle e a submissão das atividades culturais da classe trabalhadora em nome da educação moral, de valores culturais, que na verdade tinham como objetivo o controle social". No caso britânico, "a estrutura do Conselho Diretor e dos Comitês Assessores foi montada para proteger a BBC como uma instituição em vez de servir como canal das visões e pressões populares" (Garnham, 1983). Essas medidas parecem ter sido uma conseqüência da percepção, por parte do governo britânico, do potencial político do rádio. O novo meio, ainda com um limitado desenvolvimento, se comparado à sua expansão nos anos seguintes, já dava demonstrações concretas de suas possibilidades ao servir, por exemplo, como veículo para os revolucionários russos e alemães anunciarem seus objetivos, em 1917. Ou para os rebeldes irlandeses proclamarem a República, em 1916.

A AUTONOMIA RELATIVA

Embora procurando distinguir-se do modelo estatal implantado no Leste europeu, a autonomia absoluta das emissoras em relação aos governos não existe. O que varia é o grau de interferência. De modo geral elas são dirigidas por conselhos diretores, um modelo adotado inicialmente pela BBC, na Grã-Bretanha, e que se tornou exemplo para outros países, como Itália e Alemanha (além de Austrália, Japão, Nova Zelândia e o estado de São Paulo, no Brasil, com a Fundação Padre Anchieta). A forma de escolha dos membros dos conselhos e o tipo de financiamento que elas recebem é que acaba por determinar a influência do governo sobre as emissoras. O Quadro 2 mostra como está estruturado o serviço britânico de rádio e televisão.

Mary Kelli (1983) classificou esse relacionamento em três grupos. No primeiro caso estão os países que adotaram os conselhos suprapartidários como órgãos diretores das emissoras. Esses conselhos seriam formados por "pessoas que inspiram confiança entre a população por não terem outros interesses, se não os de promover o serviço público", conforme definição do Comitê Crawford, criado pelo Parlamento inglês em 1926 para estabelecer os critérios de constituição do primeiro Conselho Diretor da BBC (Wedell, 1968). São normas que estão em vigor até hoje. A indicação final é dada por uma ordem real, e tem como objetivo evitar a ingerência do Executivo na escolha dos nomes, embora não haja garantia alguma de que eles não passem por consultas e acordos no interior do governo, antes do referendo final. Ainda assim esse é o sistema formalmente autônomo e pretensamente despolitizado, seguido também pela Suécia e Irlanda.

Num segundo caso estão Alemanha, Dinamarca e Bélgica. Nesses países reconhece-se publicamente que os meios de comunicação são arenas de debate político e não há como despolitizá-los. Para garantir sua independência e manter o equilíbrio nas programações, os conselhos diretores são formados

Quadro 2
ESTRUTURA DO RÁDIO E DA TELEVISÃO NO REINO UNIDO

Parlamento
Ministério do Patrimônio Nacional

BBC	*ITC*	*Rádio Authority*
BBC- TV Nacional: duas emissoras públicas	ITV: duas emissoras independentes	Rádio Nacional: três emissoras nacionais
Rádio Nacional: cinco emissoras públicas	Satélite	Rádio Local: 133 emissoras comerciais
Rádio Regional: 38 emissoras públicas	Cabo	
Serviços internacionais de rádio e televisão	Teletexto	

Órgãos independentes de
acompanhamento e fiscalização

Broadcasting Complaints Commission
recebe queixas de telespectadores e participantes de programas — vão da invasão de privacidade ao tratamento considerado indelicado.
Broadcasting Standards Council
acompanha questões relacionadas à violência, sexo e padrões de linguagem utilizados no rádio e na TV.

por representantes dos principais partidos políticos e de organizações expressivas da sociedade. Claro que desvios são inevitáveis. No caso alemão, por exemplo, coalizões partidárias articulam-se para influir na escolha de profissionais para cargos-chave das emissoras. Há também, em alguns momentos, dificuldades para o Conselho Diretor acompanhar efetivamente a programação. "Algumas vezes o Conselho é muito reticente nas suas intervenções, enquanto em outras intervém de forma tão forte que intimida os jornalistas, levando-os à autocensura." (Hoffmann-Rien, 1990) Ainda assim a pluralidade de opiniões é amplamente garantida, e a Alemanha se destaca pelo cuidado que demonstra na defesa dos interesses do público receptor. Uma das explicações para esse zelo é que as decisões-chave não estão efetivamente nas mãos dos partidos políticos, e sim sob a responsabilidade do Supremo Tribunal Federal.

Um terceiro conjunto é formado por países em que os órgãos do Estado podem intervir legalmente nas decisões das emissoras. É o caso da Itália e da Grécia, por exemplo. Quando isso ocorre, a televisão mais parece pertencer a modelos estatais de comunicação do que propriamente a um serviço público. Na Grécia, e por vezes também na França, decisões ministeriais se impuseram sobre a programação. Na Itália a interferência aberta vem do Parlamento, não apenas com ingerências sobre os programas, mas também com a distribuição de cargos importantes no interior das emissoras. Até 1994 as três emissoras públicas italianas foram controladas partidariamente. A RAI 1, pelos democrata-cristãos; a RAI 2, pelos socialistas e a RAI 3, pelos comunistas.

De acordo com uma pesquisa feita para a BBC sobre o funcionamento de diferentes sistemas públicos em várias partes do mundo (McKinsey, 1993), no continente europeu (que exclui a Grã-Bretanha) a indústria do rádio e da televisão desenvolveu-se depois da Segunda Guerra Mundial "refletindo os princípios mais corporativistas dos governos nacionais". Um dos exemplos mencionados foi a forma como o presidente (1958-69) Charles De Gaulle usava a televisão para conter a imprensa provincial que ele considerava hostil ao seu governo.

Outra tipologia, mais voltada para o controle e o financiamento dos serviços de televisão, foi formulada por Blumer e Nossiter (1991). Ela procura classificar as diferentes formas de controle impostas pelas forças políticas e de mercado em treze países. Embora não restrito à Europa, o quadro amplia e reforça a classificação anterior. Segundo esse modelo, até a onda liberalizante da década de 1980, podiam ser observadas seis formas de relacionamento: 1. forte controle governamental (França, Grécia e Itália, até 1975); 2. serviço público "puro" (Suécia, Dinamarca e Noruega); 3. serviço público com limitado apoio comercial (Alemanha e Holanda); 4. sistema misto, com forte regulamentação pública, tanto no setor público como no comercial (Reino Unido); 5. sistema misto, com fraca regulamentação sobre o setor comercial (Austrália, Canadá e Japão) e 6. livre mercado com um sistema público marginal (Estados Unidos).

Apesar da ampliação da presença do mercado no controle da televisão a partir da década de 1980, particularmente na França e na Itália, o quadro traçado dá os parâmetros gerais ainda mantidos pela televisão desses países. Duas observações principais podem ser feitas a partir de sua leitura. A primeira sobre a peculiaridade do modelo adotado pelo Reino Unido, sem similar em todo o mundo. E a segunda sobre a vinculação direta do modelo brasileiro ao adotado pelos Estados Unidos, que é definido como "de livre mercado com um sistema público marginal".

O MODELO COMUM

Não obstante as diferenças de relacionamento com os governos nacionais e de suas vinculações com o mercado, os sistemas públicos europeus apresentam algumas características que são comuns a todos. Algumas delas estão formuladas explicitamente nas cartas de princípio das emissoras, outras são constatações da prática desses serviços.

Basicamente podem ser encontradas seis características comuns aos sistemas públicos europeus (Blumer, 1992). A primeira é a da existência, em todos eles, de uma "ética da abrangência". Ou seja, o propósito firme de procurar atender às expectativas de todo o tipo de público existente no raio de sua atuação. A explicação torna-se mais clara quando essa ética é contraposta ao modelo público norte-americano, definido como "uma ilha de bem-estar, num mar de comercialismo" (Blumer, 1986). Nos Estados Unidos, seriados como *Dallas* são exclusivos da televisão comercial, enquanto recitais de ópera têm como veículo a televisão pública. O modelo europeu procura "abranger" os dois públicos.

A sustentação da "ética da abrangência" se dá pela forma de financiamento do serviço público, que é mantido pela "licença paga", cobrada de cada possuidor de aparelho de rádio ou televisão.

"A BBC como uma forma de serviço público de *broadcasting*, obtendo seus fundos através do pagamento igualitário de considerável número de membros do público, tem a clara obrigação de descobrir e satisfazer, tanto quanto for possível fazer isso, o denominador comum da demanda pelo *broadcasting*." (Blumer,1992)

Na maioria dos países europeus, os gostos mais gerais da audiência são atendidos por um primeiro canal, existindo um segundo para dar conta dos interesses regionais, locais e das minorias.

A segunda característica é a generalidade dos termos dos seus documentos de ordenação jurídica que servem muito mais para balizar os objetivos gerais das emissoras, do que para serem usados como instrumentos de aplicação legal. As concessões de funcionamento dadas pelos governos são feitas na forma de cartas régias, licenças, mandatos ou contratos formulados em termos suficientemente amplos para permitir grande flexibilidade de interpretação. Na Suécia, por exemplo, o objetivo é "promover os princípios básicos do governo democrático, da igualdade entre os homens, da liberdade e da dignidade"; na Áustria, a televisão é responsável "pela informação, pela educação popular de jovens e adultos, pelas artes e ciências e pelo estímulo às atividades esportivas"; na Grã-Bretanha, os objetivos são "informação, educação e entretenimento", nessa ordem.

A terceira característica é a da pluralidade, concebida em vários níveis. Por exemplo, na multiplicidade dos tipos de audiência atendida, na composição dos conselhos diretores e na noção de que a sociedade é multifacetada, dividida segundo interesses, valores e identidades que têm o direito de ver tudo isso refletido publicamente.

Daí a justificativa da formulação de orçamentos capazes de dar conta da produção de programas caros em relação à quantidade de espectadores atendidos. Esse é um princípio básico do serviço público que o distingue radicalmente dos empreendimentos comerciais onde os custos são determinados pelos números da audiência. Na Espanha, a lei de radiodifusão diz claramente que os meios eletrônicos de comunicação devem "respeitar o pluralismo político, religioso, social, cultural e lingüístico". A idéia é que todos os membros da sociedade são cidadãos com o direito à recepção, em casa, dos sinais de rádio e de televisão e não simples consumidores. E como gostos e preferências não são unânimes, os responsáveis pelo serviço devem estar sempre atentos às demandas do público. E, sempre que possível, produzir programas para públicos restritos.

A quarta característica é dada pelo papel cultural das emissoras. Seus fundadores as conceberam como instrumentos responsáveis por sustentar e renovar as características culturais básicas da sociedade, capazes de oferecer aos atores, músicos, escritores, teatrólogos e intelectuais de modo geral a oportunidade de disseminarem de forma ampla seu trabalho criativo. E de possibilitar aos ouvintes e telespectadores a oportunidade de acesso ao produto desses talentos.

O primeiro diretor geral da BBC, John Reith, dizia que o objetivo do rádio era de "levar para dentro do maior número possível de lares tudo o que de melhor existe em cada parte do esforço e realização humana". Na década de 1980, outro diretor geral da BBC, Alasdair Milne, afirmava que o "serviço público de rádio e de televisão deve tornar o popular respeitável e o que é respeitável popular".

Mas, além dessas preocupações gerais, as emissoras públicas têm também em comum a obrigação de "despertar o público para idéias e gostos culturais menos familiares, ampliando mentes e horizontes, e talvez desafiando suposições existentes acerca da vida, da moralidade e da sociedade. A televisão pode, também, elevar a qualidade de vida do telespectador, em vez de meramente puxá-lo para dentro do rotineiro". Essas idéias estão até hoje integradas em programas considerados, internacionalmente, de alta qualidade, "concebidos como uma forma de capacitar o telespectador para uma enriquecedora experiência de vida" (Blumer, 1992).

A quinta característica é o lado positivo da alta politização a que estão submetidos os serviços públicos de rádio e de televisão. Como vimos anteriormente, as relações deles com os Estados nacionais variam do extremo pretensamente despolitizado da Grã-Bretanha ao intervencionismo quase explícito da Itália ou da Grécia. Mas levados em conta os obstáculos que essas relações podem criar para a independência do sistema, pode-se ver o outro lado da questão. A alta dose de politização acaba, em alguns casos, gerando formas de controle e contracontrole capazes de resultar na elaboração de programas balanceados, responsáveis pela elevação do grau de participação dos cidadãos nos destinos políticos da sociedade. Em alguns casos os veículos de rádio e televisão assumem explicitamente sua parcela de responsabilidade pela saúde do processo político nacional e internacional. A larga proporção de painéis de debates, entrevistas, análises de especialistas a respeito de temas políticos, em relação ao todo da programação, é um indicador dessa preocupação.

E, finalmente, a característica de que o sistema público de rádio e televisão na Europa foi montado com a clareza de que estaria situado numa zona de tensões entre a cultura e o comércio. E teria condições para deixar as forças do mercado à distância, garantindo que elas não interfeririam na produção dos programas. "A propaganda nos Estados Unidos foi tratada como visitante de honra do *broadcasting*. Na Europa ela é uma visitante tolerada e recebe o mais humilde lugar da mesa." (Sepstrup, 1986). Quando essa visitante passou a ser tolerada em alguns serviços públicos, seu "lugar à mesa" tornou-se rigidamente controlado em termos de qualidade e quantidade. Criaram-se órgãos controladores da forma e do conteúdo dos anúncios e regulamentou-se o tempo de publicidade possível em cada emissora, em relação ao total da programação.

AS FORMAS DE CONTROLE

Essas regras são traduzidas para o público pelas programações das emissoras. Para mantê-las e controlá-las, a maioria dos governos europeus estabeleceu mecanismos independentes dos governos "do dia". Na Grã-Bretanha foram criados pelo Parlamento dois órgãos: o Broadcasting Standards Council e o Broadcasting Complaints Comission. O primeiro controla as cenas de violência e sexo transmitidas pela televisão e tem mandato para acompanhar temas que possam ferir o "bom gosto e a decência", o uso correto da língua e a dignidade dos cidadãos na cobertura de "desastres naturais ou tragédias humanas". O segundo recebe e analisa queixas dos telespectadores. Os dois podem obrigar as empresas a transmitirem suas recomendações.

Na França, o Conselho Superior de Audiovisual é formado por nove membros, nomeados da seguinte forma: três pelo presidente da República, três pelo presidente do Senado e três pelo presidente da Assembléia Nacional. O Conselho é que autoriza o uso das freqüências e fiscaliza o cumprimento dos contratos de concessão. Ele tem poder para impor sanções: em 1994 multou a TF-1 em US$ 5,9 milhões por haver plagiado um programa do canal

France 2. Também pode cassar concessões como fez com La Cinq e com a Fun Radio.

A Itália controla o rádio e a televisão por intermédio do *gerente della editoria*, uma espécie de defensor do público, nomeado pelo Parlamento. Sua atividade ganha destaque em períodos eleitorais, uma vez que ele é responsável pela garantia do igual acesso de todos os partidos ao rádio e à televisão. Em 1995 o defensor do público proibiu a veiculação de anúncios do grupo Fininvest, do ex-primeiro-ministro Silvio Berlusconi que, a pretexto de comemorar um ano de fundação de sua rede de televisão, fazia propaganda da posição defendida pelo grupo diante do plebiscito que iria estabelecer limites para a participação de empresários individuais no controle das empresas de rádio e TV.

Na Alemanha, como a organização do rádio e da televisão é competência dos estados federados, há uma grande e complexa legislação sobre a matéria. No geral as leis estabelecem os requisitos necessários para o funcionamento das emissoras, os princípios básicos das programações, o que é proibido colocar no ar, a obrigação de que haja sempre equilíbrio nos temas controversos, a garantia do direito de réplica e os limites de tempo para publicidade, entre outras cláusulas. Em cada estado, um órgão é responsável pela observância da lei e tem poder de impor sanções às empresas que a transgredirem. Na Espanha, onde não há um organismo desse tipo, existe um "consenso para a sua criação", segundo a senadora Victoria Campos, presidente da Comissão de Televisão do Senado e catedrática de Ética da Universidade de Barcelona".[1]

É nesse quadro que se implanta e se consolida o modelo público de rádio, e depois de televisão, na Grã-Bretanha. Embora contemporâneo da maioria dos demais, suas peculiaridades institucionais e o papel desempenhado durante a Segunda Guerra Mundial acabaram por torná-lo diferenciado dos outros. Segundo o relatório elaborado por McKinsey, a Grã-Bretanha conseguiu firmar o seu modelo entre "o comercialismo norte-americano e o paternalismo europeu", estabelecendo uma forma de competição entre as emissoras públicas e comerciais que se dá por índices de audiência, mas não por fontes de receita. Em decorrência disso "muitos acreditam que foi esta fórmula de competição que permitiu a ambos os competidores altos padrões de qualidade" (McKinsey, 1993). No caso específico da BBC, esse misto de competição e proteção deu a ela circunstâncias de funcionamento únicas em todo o mundo. Esse é o tema do capítulo quatro.

CONCLUSÕES

Neste capítulo fica demonstrada a conjugação de três fatores que, atuando simultaneamente, contribuíram para a implantação do modelo público de

---

1. *El Pais*, Madri, 7.4.1995.

rádio e televisão na Europa ocidental na segunda década do século XX. A inovação tecnológica representada pelo rádio com suas limitações de freqüência, a vinculação do novo veículo a projetos culturais de caráter nacional e o contexto político revolucionário, determinaram a opção pelo sistema público. Estão também descritas e analisadas as características comuns e específicas do modelo, a partir de categorizações elaboradas por diferentes autores. Conclui-se, a partir daí, que a idéia do serviço público de rádio e televisão é comum a todo o subcontinente, mas na prática podem ser observados casos em que há um grande distanciamento daqueles ideais.

Apesar disso, no entanto, é importante ressaltar que, mesmo quando o ideal do serviço público é atropelado por práticas estatais ou comerciais, ele permanece como referencial. Com as pressões liberalizantes dos anos 80, essas idéias sofreram duras críticas que abalaram muitos dos serviços públicos existentes. Mas "passado o dilúvio", como alguns autores chamam esse período, houve uma retomada da defesa do serviço público. As emissoras européias voltaram a se rearticular na defesa do espaço aberto na segunda década do século XX e que foi fortemente reduzido em sua penúltima década. Ainda assim ele permanece vivo, tendo como referência os modelos pioneiros.[2]

REFERÊNCIAS BIBLIOGRÁFICAS

BLUMER, Jay G. (1986) "Television in the United States: Funding Sources and Programming Consequences". *In Research on the Range and Quality of Broadcasting Services*. Londres: HMSO. pp. 73-152.

————. (1992) *Television and the Public Interest — Vulnerable Values in West European Broadcasting*. Londres: Sage.

BLUMER, Jay G. e NOSSITER, T. J. (1991) *Broadcasting Finance in Transition*. Oxford/Nova York: Oxford University Press.

BRIGGS, Asa (1985) *The BBC: The First Fifty Years*. Oxford: Oxford University Press.

GARNHAM, Nicholas (1983) "Towards a Theory of Cultural Materialism". *In* Journal of Communication, vol. 33, n. 3, Summer, Maryland, USA, citado por JAMBEIRO, Othon in *Tendencies of Television*, n/p.

GOMEZ, L.; MARTI, O.; EGURBIDE, P. e COMAS, J. *"Europa controla sus televisones"*. El Pais, Madri, 7.4.1995, p. 36.

HOFFMANN-RIEM, Wolfgang (1990) "Erosien des Rundfunkrechts: Tendezen der Rundfunkrechtsentwicklung in West Europa." Munique: C. H. Beck, citado in BLUMER,

---

2. Nos dias 7 e 8 de junho de 1995 dirigentes das empresas públicas de televisão da Grã-Bretanha (BBC), da França (France Television), da Itália (RAI), da Espanha (RTVE) e da Alemanha (ARD/ZDF) se reuniram em Versalhes, na França, num encontro denominado "Cúpula das grandes televisões públicas da União Européia". A reunião, segundo o presidente das emissoras públicas francesas Jean Pierre Elkabbach, teve três objetivos: "o primeiro, simbólico, consiste num 'ato de fé' na existência da televisão pública. Os outros são de ordem 'prática' e 'econômica'. Trata-se de estabelecer as bases para uma nova política européia de intercâmbio de programas e a utilização conjunta da tecnologia digital, entre outros pontos. Elkabbach acredita que 'hoje é possível alcançar uma grande aliança audiovisual, em escala européia, entre as televisões públicas". *El Pais*, Madri, 8.7.1995.

Jay G. *Television and the Public Interest — Vulnerable Values in West European Broadcasting.* Londres: Sage.

JAMBEIRO, Othon (1994) *Tendencies on Television.* Londres: n/p.

KELLY, Mary (1983) "Influences on Broadcasting Polices for Election Coverage". *In* BLUMER Jay G. (ed.), *Communicating to Voters: Television in the First European Parliamentary Elections.* Londres, Beverly Hills e Nova Delhi: Sage. pp. 65-82.

MCKINSEY e colaboradores (1993) *Public Service Broadcasters Around The World: a McKinsey Report for BBC.* Londres: British Broadcasting Corporation.

SEATON, Jean (1991) "Broadcasting History". *In* CURRAN, J. e SEATON, J. Q (orgs.) *Power Without Responsibility.* Londres: Routledge. pp. 129-245.

SEPSTRUP, Preben (1986) "The Economic Dilemma of Television Advertising". *In European Journal of Communication, 1* (4): 383-405.

WEDELL, E. G. (1968) *Broadcasting and Public Policy.* Londres: Michael Joseph Books.

Capítulo 2

O MERCADO BRITÂNICO DA MÍDIA

Durante trinta anos, de 1954 a 1984, o duopólio foi a característica central do modelo britânico de rádio e televisão. O serviço público, por intermédio da BBC, e o sistema independente, com a ITV, dividiram nesse período a audiência nacional. Para entender seu funcionamento é necessário, num primeiro momento, analisar separadamente cada um dos sistemas. Embora cronologicamente a BBC anteceda à ITV, para melhor clareza da exposição essa ordem será invertida. Isso porque, atualmente, o serviço sustentado pela propaganda criou tantas ramificações com outros setores da indústria das comunicações que se torna necessário caracterizá-lo dentro de um quadro mais geral que chamaremos de mercado britânico da mídia. Dele nem a BBC escapa. Em 1994 ela se associou ao grupo Pearson que, entre os seus vários interesses na área da comunicação, edita o jornal *Financial Times*. A parceria foi formada para a criação de um serviço internacional de televisão por satélite.

São esses fatos que justificam a necessidade de se conhecer melhor a rede de interesses comerciais existentes na mídia britânica, para posteriormente fazer uma análise particularizada e detalhada do serviço público. Esta opção é, também, um indicador da situação atual do modelo. Se este livro tivesse sido escrito no início da década de 1980, certamente não haveria necessidade de inverter a ordem cronológica. Até aquela época o serviço público mantinha-se imune às investidas comerciais e a mídia eletrônica ainda não se havia entrelaçado de forma tão extensa com os grandes grupos editoriais ingleses. Para uma caracterização do modelo bastava descrever cada uma das faces do duopólio.

Hoje isso não é mais possível. Agora são vários os participantes do jogo, que entraram na disputa estimulados politicamente pelo neoliberalismo thatcheriano, de um lado, e pelo avanço tecnológico verificado nos serviços de transmissão por cabo e satélite, de outro. É uma situação nova, em pleno processo evolutivo que, para ser entendida, necessita de um perfil capaz de descrever a um só tempo seus aspectos estruturais, mais sedimentados, e a dinâmica de sua transformação. É por isso que, neste capítulo, será feita uma descrição do mercado da mídia (jornal, rádio e televisão), dos princípios legais que balizam esses serviços e das formas de pressão que eles sofrem de diferentes grupos organizados da sociedade.

OS JORNAIS

Londres é a única cidade da Europa que produz cinco jornais diários de alta qualidade: *Daily Telegraph, The Times, Financial Times, The Guardian* e *The Independent.* Mas é também a única que possui a maior coleção de tablóides sensacionalistas do continente com sete diários e cinco dominicais. Trata-se da tradicional divisão da imprensa inglesa: de um lado os jornais sérios, vendendo diariamente (de segunda a sábado) cerca de 2,5 milhões de exemplares e, de outro, os sensacionalistas, alcançando vendas diárias superiores a 10,5 milhões. Números que, aos domingos, chegam a 12,7 milhões entre os tablóides.

São 20 títulos nacionais, com onze jornais circulando durante a semana e outros nove aos domingos. Mas isso não quer dizer que a pluralidade de informação seja proporcional ao número de publicações ou ao volume de exemplares vendidos. Um processo de concentração de empresas, acelerado na década de 1980, fez com que cinco grandes companhias assumissem o controle de 95% do mercado jornalístico britânico, conforme mostra o Quadro 1.

A participação do governo apoiando e incentivando esse processo foi clara. Uma legislação ambígua, que autoriza fusões desde que a empresa que está sofrendo a incorporação apresente riscos de falência, facilitou as coisas (Tunstall, 1993). A partir de 1979, com o início do governo conservador de Margareth Thatcher, começaram a ocorrer significativas transformações no quadro de proprietários dos jornais ingleses. O grupo News International, comprou em 1981 o *The Times* e o *Sunday Times.* Adquiriu depois, em 1987, o *Today*, da companhia Lonrho, que tinha sido vendido para ela, um pouco antes, por Eddi Shah, fundador do jornal. Robert Maxwell comprou o Mirror Group Newspaper (*Daily Mirror, Sunday Mirror* e *The People*) em 1984. A United Newspapers comprou a Fleet (*Daily Express, Sunday Express*) da Trafalgar House em 1985. No ano seguinte, o empresário canadense Conrad Black tornou-se sócio majoritário do *Daily Telegraph* e do *Sunday Telegraph* e em 1996 comprou o restante das ações. Em 1981 a Lonrho comprou o *The Observer*, vendendo-o posteriormente, em 1994, para o grupo que controla o jornal *The Guardian.*

Mas os interesses das grandes empresas de comunicação vão muito além dos jornais. Elas controlam editoras de livros, revistas semanais, diários regionais e até tablóides distribuídos gratuitamente nos bairros. Só não fazem o mesmo com o rádio e a televisão porque a lei não permite: donos de jornais não podem deter mais do que 20% das ações desse tipo de empresa.

Com a queda das vendas em banca e um aumento da receita publicitária da televisão, a imprensa passou a exercer forte pressão para mudar a lei. Durante o ano de 1995 debateu-se publicamente o possível conteúdo de um novo "White Paper", que seria publicado pelo governo, propondo modificações na

Quadro 1

Jornais diários	Empresa proprietária/ percentagem do mercado	Venda média diária 1994
Tablóides		
Daily Express	United Newspaper / 12,2%	1.367.394
Daily Mirror	Mirror Newspaper / 25,9%	1.793.922
Daily Mail	General Trust / 12,5%	2.492.891
Daily Record	Mirror Newspaper	747.347
The Sun	News International / 37%	4.071.083
Today	News International	587.213
Standards		
Daily Telegraph	The Telegraph / 5,4%	1.007.776
Financial Times	Pearson / 1%	297.463
The Guardian	Scott Trust / 3%	402.748
The Independent	Mirror Newspaper	280.824
The Times	News International	484.776
Jornais dominicais		
Tablóides		
Mail on Sunday	General Trust	1.984.364
News of the World	News International	4.773.857
People	Mirror Newspaper	2.012.246
Sunday Express	United Newspaper	1.563.279
Sunday Mirror	Mirror Newspaper	2.566.902
Standards		
Independent on Sunday	Mirror Newspaper	335.340
The Observer	Scott Trust	500.804
Sunday Telegraph	The Telegraph	624.879
Sunday Times	News International	1.220.641

Média diária em 1994.
Fonte: Audit Bureau of Circulations (ABC).

legislação. Os grupos interessados exerciam pressão e especulavam, em seus próprios jornais, para que a percentagem de participação das empresas jornalísticas na mídia eletrônica aumentasse de 20% para 29,9%. Como argumento a favor dessa alteração, o British Media Industry Group, entidade que reúne os grandes jornais ingleses, encomendou e publicou uma pesquisa mostrando o grau de influência dos veículos de comunicação sobre o público. O objetivo é sustentar, com esses dados, a idéia de que um controle maior das ações das empresas de rádio e televisão por parte dos jornais não afetaria o atual quadro de influência da mídia. Com isso eles pretendem que a nova lei combine a posse de ações com os percentuais de influência dos diferentes meios de comunicação sobre o público. A pesquisa apresentou os seguintes números:

Pesquisa Nacional de Influência da Mídia

BBC	19,7 %
News International	10,6 %
Daily Mail	7,7 %
Mirror Group	7,6 %
Carlton Communications	3,1 %
Granada Television	2,5 %
Grupo Pearson	2,3 %
Daily Telegraph	1,9 %

Fonte: British Media Industry Group. Publicação: *Financial Times*, Londres, 21.3.1995.

A explicação para o baixo índice de influência verificado entre as emissoras comerciais de televisão está no fato de que elas transmitem regionalmente e a pesquisa teve caráter nacional.[1]

Segundo os proprietários de jornais, a limitação atual pode levá-los à ruína diante da concorrência comercial da televisão. Enquanto isso não ocorre, os empresários da mídia impressa exploram todas as brechas da legislação, investindo dentro dos limites legais em várias empresas ao mesmo tempo. Com isso formou-se uma intrincada rede de interesses que vai dos jornais de bairro à televisão digital. São grupos que disputam os recursos do terceiro mercado mundial de publicidade, com gastos anuais calculados em cerca de US$15 bilhões, e que fica atrás apenas dos Estados Unidos e do Japão (Sanchez-Tabernero, 1993).

Até 1994 só a BBC continuava imune às investidas comerciais. Mas nem ela resistiu e acabou firmando um acordo com o Grupo Pearson para explorar um serviço internacional de televisão por satélite. Agora a emissora pública britânica terá, pela primeira vez em sua história, a possibilidade de acesso ao mercado de capitais. Até então as atividades comerciais da BBC restringiam-se à venda de programas de televisão e de publicações especializadas em rádio e TV. Críticos do acordo alertaram para a possibilidade de a BBC estar usando fundos públicos (a licença paga pelos telespectadores) para alavancar empreendimentos comerciais, o que foi categoricamente desmentido pela emissora. Segundo pronunciamento oficial "...o acordo é estritamente comercial, assegurando que nenhum fundo público poderá ser usado para financiar o desenvolvimento da televisão internacional".[1]

Uma parte desse emaranhado de interesses pode ser desvendado a partir da identificação das grandes empresas que controlam a mídia impressa. A maior delas é a News International, de propriedade do australiano, naturalizado norte-americano, Rupert Murdoch. Ela publica os tablóides *News of the World*, que a cada domingo vende mais de 4,7 milhões de exemplares, e o *Sun*, com 4 milhões de exemplares vendidos diariamente, durante a semana. Junto com o tablóide *Today*, e os tradicionais *Times* e *Sunday Times*, o grupo domina 37% do mercado jornalístico britânico. Além disso possui a editora Harper Collins e metade das ações da principal emissora de televisão, via satélite, da Grã-Bretanha: a BSkyB, com 1,6 milhão de assinantes.

Dos jornais do grupo, o *Times*, fundado em 1795, é o mais importante. Antes de ser adquirido por Murdoch, ele passou pelas mãos do canadense Roy Thomson e da família norte-americana Astor, sem mudar sua linha editorial. Hoje, na tentativa de ampliar o seu mercado, tornou-se mais popular, perdendo a característica de porta-voz das elites inglesas. Ainda assim mantém elevado nível editorial. Entre os jornais considerados sérios está em segundo lugar nas vendas, com quase 500 mil exemplares por dia.

O segundo grupo em tamanho no mercado é o Mirror Newspaper. Ele publica os tablóides *Daily Mirror, Sunday Mirror, The People* e *Daily Record*, dominando, com esses quatro títulos, 25,9% do mercado. Em 1994 passou a atuar também na imprensa considerada séria, assumindo o controle acionário da Newspaper Publishing, editora do *The Independent* e do *Sunday Independent*, lançados em 1986. Eles ocupam apenas 2% do mercado, mas graças à sua alta qualidade editorial, são provavelmente os jornais mais lidos e mais admirados pelos jornalistas ingleses. Dos cinco grandes grupos britânicos, o Mirror é o único que defende posições políticas mais liberais (Peak, 1994).

As duas outras grandes faixas do mercado estão nas mãos de quatro tablóides: o *Daily Mail* e *Mail on Sunday* que ocupam 12,5% e o *Daily Express* e o *Sunday Express*, com 12,2%. Os dois primeiros são propriedade do General Trust, dono também do *Evening Standard*, um diário que só circula na Grande Londres, onde vende quase 500 mil exemplares por dia. O grupo possui ainda vários jornais regionais e é importante acionista da empresa nacional de Teletexto, das rádios locais GWR, da agência de notícias Reuters e da Independent Television News (ITN), a companhia que produz o noticiário jornalístico veiculado pelas emissoras comerciais de televisão da Grã-Bretanha. O *Daily* e o *Sunday Express* pertencem à United Newspapers que, além desses jornais, é dona de um grande número de diários regionais e da Lins House, editora de dezesseis revistas voltadas para o consumo e o lazer.

---

1. *The Guardian*, Londres, 11.5.1994.

A quinta fatia significativa do mercado pertence ao canadense Conrad Black, com o *The Daily Telegraph*, que vende durante a semana mais de um milhão de exemplares diários, e o *Sunday Telegraph*, que circula aos domingos e vende 600 mil. Adotando uma linha editorial nitidamente conservadora, eles controlam 5,4% do mercado, liderando as vendas entre os jornais considerados sérios.

Ao lado desses grandes grupos, com forte influência política, mas com tiragens relativamente menores, estão o *The Guardian*, o *The Observer* (aos domingos) e o *Financial Times*. Os dois primeiros detêm 3% do mercado e são propriedade do Scott Trust, constituindo-se naquilo que se pode chamar de "a esquerda" do jornalismo inglês, com uma linha editorial muito crítica em relação ao governo conservador e à própria existência da monarquia. O grupo publica também vários jornais locais e regionais, algumas revistas e detém 15% das ações da GMTV (Good Morning Television), emissora responsável pela programação matutina da cadeia independente de televisão da Grã-Bretanha.

Já o *Financial Times*, com apenas 1% do mercado, possui uma rede de correspondentes no exterior maior do que qualquer outro jornal europeu. Com isso ele aponta, para o meio empresarial, as tendências da economia globalizada. E, ao mesmo tempo, tenta ocupar o espaço aberto pelo *The Times* no papel de porta-voz da elite britânica. Seu proprietário é o poderoso grupo Pearson, que também possui vários jornais locais e regionais, detém o controle da editora Longman, da revista *The Economist* e é sócio das companhias de televisão The Thames TV, Yorkshire Tyne Tess e BSkyB. Seu último lance foi a associação feita com a BBC para operar o serviço internacional de televisão.

Esse é o passo mais recente de um processo iniciado nos anos 80, quando o mundo financeiro da City londrina despertou para as comunicações, passando a investir principalmente nas empresas de Murdoch e Maxwell (Tunstall e Palmer, 1991). Mas novos nomes começaram a aparecer com destaque nesse ramo de negócios. Além do canadense Conrad Black, a mídia britânica passou a conviver mais de perto com Michael Green, proprietário da Carlton Television e da Central Television, considerado um dos homens mais poderosos da televisão britânica. E com Richard Branson, dono do Grupo Virgin Communications, que controla o Superchannel (com transmissões para a Europa) e a rádio Virgin FM, além de outros interesses que vão da produção de refrigerantes ao controle de uma empresa de aviação.

LIBERDADE E CONTROLE

Se de um lado os jornais não podem, por lei, investir mais no rádio e na televisão, por outro têm total liberdade editorial e garantia de respeito absoluto ao sigilo das fontes. A maioria das ações contra a imprensa é por invasão de privacidade, geralmente impetradas por personalidades públicas que se consideram vítimas dos tablóides. O crescimento do número de queixas levou o governo a criar, em 1990, uma comissão para propor medidas que garantissem, ao mesmo tempo, a liberdade de imprensa e a privacidade dos cidadãos.

O relatório final formulou duras críticas aos jornais, sugerindo, no entanto, que fosse dada uma última oportunidade para que eles mesmos estabelecessem sua própria auto-regulamentação. Para isso foi criada a Press Complaints Commission (PCC), órgão encarregado de receber queixas sobre a ação da imprensa e encaminhar soluções (Calcutt, 1990). Mas os problemas continuaram. E cresceram as pressões para que o governo adotasse uma postura mais firme. A resposta foi uma promessa de que seria enviado ao Parlamento um projeto de lei contendo punições mais rigorosas para os jornais que violassem a privacidade individual. Além dos objetivos internos, de conter especialmente a voracidade sensacionalista dos tablóides, o projeto terá como objetivo aproximar a lei britânica dos padrões exigidos sobre a questão da privacidade pela Convenção Européia dos Direitos Humanos. No primeiro semestre de 1995 travou-se uma batalha pública em torno do assunto, com os jornais dizendo que uma lei desse tipo violaria a liberdade de imprensa e o governo retardando sua tramitação para evitar um choque frontal com os empresários da mídia.

No caso do rádio e da televisão a situação é diferente. Desde a forma de concessões de canais até o controle da qualidade dos programas, há mecanismos do Estado atuando. No centro do processo está o Parlamento. É a partir dele que se estrutura todo o sistema com três órgãos centrais de direção: a British Broadcasting Corporation (BBC), responsável pelo serviço público; a Independent Television Commission (ITC), que dirige o setor privado de televisão terrestre, por cabo e satélite; e a Radio Authority, que controla o rádio comercial. São órgãos administrados por conselhos diretores nomeados pela rainha, mas indicados pelo governo. Eles prestam contas ao Parlamento por intermédio do Ministério do Patrimônio Nacional, responsável pelo setor de rádio e televisão na Grã-Bretanha.

Essa vinculação revela que *broadcasting* britânico continua sendo considerado um patrimônio da nação, apesar das várias transformações por que passou nos seus setenta anos de história. O ministério responsável pelo seu funcionamento é o mesmo que cuida das artes, dos museus e das bibliotecas. Ele foi criado em 1992 para ser o "...responsável pelas áreas centrais de nossa vida nacional, que realçam sua qualidade ou contribuem significativamente para o nosso senso de identidade nacional", conforme pronunciamento do primeiro-ministro John Major no Parlamento britânico em 13 de maio de 1992.[2] É por isso que, embora parcialmente mantidos pela propaganda, o rádio e a televisão na Grã-Bretanha são considerados serviços públicos, com controles sistemáticos dos seus padrões de qualidade.

A fiscalização é exercida por órgãos independentes das emissoras e do governo, responsáveis pelo acompanhamento das programações e do enca-

---

2. *The Guardian*, Londres, 14.5.1992.

35

minhamento das reclamações do público. A Broadcasting Complaints Commission, criada pelo Broadcasting Act de 1980, por exemplo, recebe queixas que vão desde a invasão de privacidade até o tratamento considerado grosseiro com algum entrevistado. Ela analisa o caso, requisitando as gravações dos programas e depois torna público seu veredito, muitas vezes veiculado no próprio canal denunciado. Em 1990, outro Broadcasting Act criou um novo órgão com a tarefa de acompanhar as questões relacionadas à violência, sexo e padrões de linguagem no rádio e na televisão: o Broadcasting Standards Council. Essas comissões não têm poder de censura, mas exercem forte pressão pública que, em muitos casos, acabam influindo na qualidade das programações.

AS EMPRESAS DE TELEVISÃO

A BBC e a ITV (o conjunto de emissoras comerciais subordinadas à ITC) disputam palmo a palmo a audiência dos telespectadores britânicos. Em 1994, por exemplo, foi seguinte a média da audiência dos quatro canais de televisão terrestre em funcionamento na Grã-Bretanha:

ITV-Canal 3	40,8%
BBC 1	31,5%
Canal 4	11,4%
BBC 2	9,9%
Cabo e satélite	6,0% *

* Correspondendo a 2,373 milhões de assinantes da TV por satélite e 783.089 da televisão por cabo.
Fonte: Broadcasters' Audience Research Board (BARB).

Embora disputando acirradamente a preferência dos telespectadores, as televisões não lutam pela conquista das mesmas fontes de recursos. As emissoras públicas são mantidas por uma licença anual, paga por todas as pessoas que têm um aparelho receptor, cujo valor acompanha as taxas de inflação. Em 1995, ela foi de US$ 135. No ano anterior o orçamento total da BBC havia sido de US$ 3,122 bilhões, dos quais US$ 2,693 bilhões vieram dessa licença. Com cerca de 20 mil funcionários, a BBC produz seus programas em treze estações distribuídas pela Inglaterra, Escócia, País de Gales e Irlanda do Norte. As transmissões são feitas para todo o Reino Unido pelos canais 1 e 2. O primeiro, com uma programação variada, detém 31,5% da audiência. O segundo, voltado para públicos mais específicos, atinge 9,9% dos telespectadores (audiência média de 1994).

A ITV é formada por dezesseis companhias privadas que ocupam a freqüência do canal 3 e se mantêm por meio das receitas publicitárias. (Ver Quadro 2)

36

Treze delas detêm o monopólio de transmissão para determinadas áreas do interior. Outras duas cobrem Londres (uma durante a semana e outra nos fins de semana) e uma última ocupa diariamente o horário das seis às nove e meia da manhã, transmitindo par0a todo o país, conforme está detalhado no Quadro 2. As concessões valem por dez anos e a escolha leva em consideração três critérios: a capacidade técnica das empresas; a programação proposta e o melhor lance dado em leilão para pagar as licenças concedidas pela ITC. Os valores dessas licenças variavam, no período de concessões que vai de 1993 a 2003, entre US$ 1,6 mil a US$ 70 milhões por ano, dependendo da região e do mercado atingido.

Das atuais concessionárias, a maior é a Carlton Television, que opera na região de Londres, de segunda a sexta-feira. Ela possui 20% das ações da GMTV, que transmite para todo o país, durante a semana, das 6h às 9h25. No final de 1993 adquiriu também a Central TV, que cobre o centro da Inglaterra, em um processo de fusões, que, na prática, reduziu para onze o número de empresas concessionárias.

Outro grupo de emissoras em importância de grandeza é liderado pela Granada Television, com sede em Manchester, no Norte da Inglaterra. Em 1994 ela comprou a maioria das ações da LWT (London Weekend Television), empresa que tem a concessão para transmitir para Londres das 17h15 das sextas-feiras às 6h das segundas. É curioso notar que essa divisão de concessões para a televisão, uma para operar de segunda a sexta e outra no fim de semana, acompanha a tradição da imprensa inglesa, na qual as empresas jornalísticas publicam um determinado jornal de segunda a sábado e outro, com título diferente, no domingo. Mas além da LWT, a Granada controla também 14% da Yorkshire Television, com autorização para operar no Oeste do país, e da Tyne-Tees Television, de Newcastle, que cobre a região Nordeste da Inglaterra.

Ainda que dentro dos limites da lei, essa prática começa a ameaçar a idéia de regionalização contida no projeto que deu origem à rede independente de televisão na Grã-Bretanha. Com o processo de incorporações podem ser distinguidos atualmente os seguintes grupos de emissoras formados entre as concessionárias: 1) York, Tine Tees e LWT; 2) LWT e Granada; 3) Carlton e Central; 4) Meridian e Anglia; 5) GMTV, Scottish e Granada; 6) Scottish e LWT; e as demais que permanecem com a mesma estrutura de propriedade verificada no início da concessão.

Além desse problema, a ITC também está preocupada com a qualidade dos programas transmitidos por essas emissoras. Ao lado das comissões externas já mencionadas, a própria ITC exerce um rigoroso controle de qualidade sobre suas concessionárias. Ela publica um código de prática profissional para ser seguido pelas emissoras. Reclamações de ouvintes ou telespectadores consideradas justas pela comissão recebem desculpas públicas. Ofensas mais graves são punidas com multas ou até com a cassação da concessão.

37

Anualmente a ITC publica um relatório de análise que obtém grande repercussão na imprensa. O primeiro do atual período de concessões foi publicado em 1994 e condenou, de maneira geral, a ênfase dada pelas emissoras aos programas de auditório, com sorteios como "roda da fortuna" e um grande número de séries policiais. Algumas emissoras, como a GMTV, receberam advertências formais e recomendações para melhorar o nível da programa-

Quadro 2
CONCESSIONÁRIAS DOS SERVIÇOS DE TELEVISÃO NA GRÃ-BRETANHA (1993-2002)

Área licenciada	Empresa concessionária	Cidade-sede
Região da fronteira entre Inglaterra e Escócia e Isle of Man	Border Television	Carlisle
Escócia central	Scottish Television	Glasgow
Ilhas do Canal da Mancha	Channel Television	Helier
Leste, oeste e sul do Centro da Inglaterra	Central Independent Television	Birmingham
Leste da Inglaterra	Anglia Television	Norwich
Londres (de 2ª a 6ª)	Carlton Televison	Londres
Londres (fim de semana)	London Weekend Television	Londres
Norte da Escócia	Grampian Television	Aberdeen
Nordeste da Inglaterra	Tyne Tees Television	Newcastle
Noroeste da Inglaterra	Granada Television	Manchester
Irlanda do Norte	Ulster Television	Belfast
Sul e Sudeste da Inglaterra	Meridian Broadcasting	Southampthon
Sudoeste da Inglaterra	Westcountry Television	Plymouth
País de Gales e Oeste da Inglaterra	HTV	Cardiff
Yorkshire	Yorkshire Television	Leeds
Horário matinal (6-9h25)	Good Morning TV	Londres

ção, outras foram elogiadas.[3] A transmissão das emissoras mantidas pela receita comercial é feita para todo o país através da freqüência do canal 3, atingindo 40,8% da audiência (índice médio de 1994).

O canal 4 está voltado para projetos experimentais e para públicos minoritários e é visto por 11,4% dos telespectadores (índice médio de 1994). Ele foi criado como corporação pública, mantido por meio de um engenhoso mecanismo elaborado para garantir sua sobrevivência sem ter de depender dos índices de audiência para obter publicidade. As emissoras comerciais licenciadas para ocupar a freqüência do canal 3 estavam autorizadas até 1992 a vender a propaganda para o canal 4 (que não podia fazê-lo). Em contrapartida, uma percentagem do que elas pagavam como licença para a ITC era utilizada para manter o canal 4.

Agora isso acabou. O Broadcasting Act de 1990 autorizou o canal 4 a vender sua própria propaganda, com a garantia de que, se não conseguisse sobreviver, seria socorrido pela receita da ITV. E, se tivesse lucro, parte dessa receita seria redistribuída pelas emissoras comerciais.[4] Foi o que passou a ocorrer. Com produções arrojadas, investindo no cinema (é produtor de *Four Weddings and a Funeral*)* e no vídeo, o canal 4 vem obtendo alta rentabilidade e provocando uma situação insólita. Parte do seu lucro é entregue a outras emissoras comerciais britânicas que disputam com ele o mesmo mercado publicitário.[5]

O canal 4, que dobrou sua audiência nos últimos dez anos (e passou de 275 horas de transmissão por semana, para 550, no mesmo período), e a expansão da oferta de transmissões por cabo e satélite são dois dos mais significativos fenômenos da televisão britânica na década de 1990. Em 1984 não

---

* *Quatro casamentos e um funeral.*

3. O jornal *The Guardian* procurou resumir em poucas palavras os conceitos dados pela ITC para a programação das concessionárias, publicando-as na primeira página da edição de 27 de maio de 1994. Foram as seguintes:
Anglia: bom começo
Border: satisfatório
Carlton: abaixo das expectativas
Channel 4: altos padrões
Central: alta qualidade
GMTV: insatisfatório, conteúdo pobre
Grampian: irregular
Granada: bom desempenho
HTV: fraco
LWT: satisfatório
Meridian: bom começo
Scottish: satisfatório
Tine Tees: bom avanço
Ulster: coragem e boa técnica
Westcountry: satisfatório
Yorkshire: bem-sucedido

4. Determinação do Broadcasting Act de 1990 (London: HMSO), pp. 25-9.

5. *Daily Express*, 9.2.1995.

39

havia nenhuma antena parabólica de uso doméstico funcionando no país. Hoje existem 2,3 milhões de domicílios recebendo transmissões de televisão via satélite e quase 800 mil por cabos subterrâneos.

A previsão feita em abril de 1994 pela empresa de pesquisas Continental Research e publicada pelo jornal *The Guardian*[6] em 30 de agosto de 1994 sobre o crescimento das assinaturas de transmissões por cabo e satélite na Grã-Bretanha revelou o seguinte quadro (em milhões):

Ano	Satélite	Cabo
1994	1,0	3,6
1995	1,4	4,1
1996	1,8	4,5
1997	2,1	4,7
1998	2,5	4,9
1999	2,8	5,0
2000	3,0	5,1

Fonte: The Guardian, suplemento especial de mídia, Londres, 30.8.1994.

CABO E SATÉLITE

É um mercado em expansão que cresce rapidamente graças à legislação britânica, considerada a mais liberal do mundo na área das telecomunicações Segundo a Associação das Empresas de Televisão a Cabo da Grã-Bretanha.

"O Reino Unido é o único país do mundo onde os operadores dos serviços de cabo podem fornecer uma combinação de entretenimento e serviços de telecomunicações usando a mais avançada tecnologia em fibras óticas. Isto tem sido possível através das facilidades oferecidas por um dos mais liberalizados sistemas de telecomunicações do mundo. As companhias de cabo estão instalando 20 mil linhas telefônicas por mês e oferecendo às empresas e às residências preços cerca de 15% menores do que os cobrados pelas companhias telefônicas tradicionais, com uma qualidade maior". Segundo a Associação das Empresas de Televisão a Cabo da Grã-Bretanha. (Peak, 1994).

Há 65 empresas atuando nesse setor, com quase 800 mil assinantes. Dos 22,25 milhões de domicílios existentes no país, 14,9 milhões estão nas áreas franqueadas para serviços de cabo. Até 1994 as concessionárias só haviam conseguido chegar com sua rede às portas de 3 milhões de residências, indicando a existência de ampla faixa de mercado a ser atingida (Peak, 1995).

O crescimento dessa oferta é recente, mas já abalou o mercado das transmissões por satélite. Em 1994, a BSkyB, a principal emissora britânica do setor, perdeu 10% dos seus clientes que não renovaram suas assinaturas. Ainda assim ela lidera o mercado, transmitindo a programação dos seus cinco canais por meio dos satélites do consórcio europeu Astra. Além deles há mais dez canais de televisão e cinco de rádio, em língua inglesa, operando nesse mesmo sistema. Em 1996, a BSkyB, anunciou que com o lançamento do satélite Astra 2 ela estará apta a oferecer entre duzentos e quinhentos novos canais de televisão digitalizada.

O telespectador britânico pode optar ainda pela programação de outros quatro canais que transmitem pelo Eutelsat, um consórcio intergovernamental europeu que opera oito satélites, ou do Intelsat, que oferece sete canais diferentes. As ofertas vão desde sexo explícito até programas produzidos dentro da mais rigorosa censura muçulmana.

A expansão acelerada da oferta dos serviços de rádio e de televisão contrasta com o ritmo das mudanças legais. São transformações sempre muito lentas que só viram lei depois de um longo debate, no qual é esperada a participação de todas as partes interessadas. O processo começa quando surgem pressões sociais no sentido de modificar algum aspecto legal do sistema. A iniciativa não precisa ser necessariamente do governo, podendo partir também de uma decisão oficial do partido oposicionista ou de moções apresentadas no Parlamento. Geralmente, nesses casos, o governo cria uma comissão de investigação, formada por parlamentares e pessoas representativas da sociedade civil, presidida por uma personalidade de destaque no país, que analisa o problema e apresenta sugestões de como resolvê-lo.

Essas comissões ganham muito destaque público e acabam ficando conhecidas pelo nome do seu presidente. Para exemplificar, uma das mais famosas foi a Comissão Peacock, constituída em 1985 pelo governo Thatcher para analisar a possibilidade de veiculação da propaganda pela BBC, esperando, com isso, abrir caminho para a privatização daquela instituição. O resultado do trabalho da comissão não foi o esperado pelo governo, e a BBC continuou sendo mantida pela licença paga pelos telespectadores. Foi a décima terceira comissão de inquérito da história do *broadcasting* britânico, conforme mostra o Quadro 3.

Os pareceres das comissões são geralmente transformados em um "Green Paper", documento inicial de discussão aberto a sugestões e emendas por parte de pessoas e grupos interessados. Esse é um dos momentos em que os *lobbies* atuam com desenvoltura e as entidades representativas de setores sociais interessados no assunto exercem seu poder de pressão. Há numerosos grupos organizados que lutam, por exemplo, por maior liberdade e independência editorial das emissoras em relação ao governo, pela melhoria dos níveis dos programas, pelo acesso ao rádio e à televisão das minorias étnicas e dos deficientes físicos, entre outros. Eles promovem manifestações públicas, pressionam parlamentares, publicam manifestos e, muitas vezes, são bem-sucedidos. O Conselho que representa os surdos-mudos (Deaf Broadcasting Council) conseguiu que a BBC usasse suas duas emissoras de televisão, pela manhã, para transmitir o mesmo jornal. Na BBC 1 ele é apresentado normalmente. Na BBC 2 a transmissão é feita por meio da linguagem gestual. E a

Quadro 3
COMISSÕES DE INVESTIGAÇÃO SOBRE O
RÁDIO E A TELEVISÃO

Ano	Título do relatório	Presidente da comissão
1923	The Broadcasting Committe	*Sir* Frederic Sykes
1926	Report of The Broadcasting Committe	Earl of Crawford
1935	Report of Television Committe	Lorde Selsdon
1936	Report of Broadcasting Committe	Viscount Ullswater
1945	Report of Television Committe	Lorde Hankey
1949	Report of Broadcasting Committe	Lorde Beveridge
1960	Report of the Committe on Broadcasting	*Sir* Harry PilKington
1973	Report of the Committe on Broadcasting Coverage	*Sir* Stewart Crawford
1974	Report of the Committe on the future of Broadcasting	Lorde Annan
1975	The Working Party on a Fourth Television Services in Wales	J.W. M. Siberry
1982	The Inquiry into Cable Expansion and broacasting policy	Lorde hunt of Tanworth
1982	Advisory panel on Technical Transmission standards	*Sir* Antony Party
1985	The Committe on Financing the BBC	Professor Alan Peacock
1989	Enquiry into Standards of Cross media Promotion	Jhon Sadler

Fonte: MacDonald, Berrie. *Broadcasting in the United Kingdom.* Londres: Mansell Publishing Ltd.,1994, pp. 64-8.

Campanha contra o Racismo (Campaign Against Racism in the Media and Television Users Group) tem conseguido ampliar os espaços para as minorias étnicas nos programas do rádio e da televisão e na publicidade.

Ainda assim, um dos grupos mais atuantes, a Campanha pela Liberdade nos Jornais, no Rádio e na Televisão (Campaign for Press Broadcasting Freedom) continua exigindo "imparcialidade e equilíbrio" e "desafiando o mito de que as presentes formas de propriedade e regulamentação do *broadcasting* garantem independência editorial, controle democrático ou programação de alto padrão" (MacDonald, 1994). Esse grupo quer que a Press Complaints Commission e a Broadcasting Complaints·Commission sejam substituídas por uma Comissão de Mídia, com poderes para receber queixas, exigir direitos de resposta, defender padrões básicos de imparcialidade e facilitar o acesso do público aos meios de comunicação.

É um jogo de pressões e contrapressões que geralmente antecede à redação e à publicação, pelo governo, de um "White Paper", uma proposta de lei mais elaborada que o "Green Paper", mas ainda sujeita a alterações. Só depois disso é que é redigido o projeto de lei a ser enviado ao Parlamento. Lá ele passa por duas leituras em cada uma das câmaras (dos lordes e dos comuns) e pelas comissões temáticas, antes de ser submetido à votação. Depois de aprovado, recebe o assentamento real, tornando-se lei como ato do Parlamento.

Esses passos deixam clara uma das características centrais da mídia britânica: o gradualismo, um processo de mudanças lentas e evolução contínua (Tunstall, 1993). Enquanto vários países europeus dobraram o número de canais de televisão em menos de cinco anos, a Grã-Bretanha deve levar quinze para passar de quatro para cinco canais terrestres de televisão. É uma verdadeira corrida de obstáculos, longa e demorada, mas que procura de todas as formas possíveis se aproximar do consenso.

Na fase atual, a discussão está centrada nas seguintes questões: qual o grau de sobrevivência do atual sistema diante da expansão da televisão digital? e quais os riscos de contaminação do *broadcasting* (inserido no mercado geral da mídia) por tendências políticas e pela qualidade editorial dos jornais? São questões abertas que provocam acirrados debates no Parlamento, entre entidades vinculadas ao setor e especulações intelectuais. Curran (1994), ao analisar essas transformações, explica por que as forças em disputa não podem ser alinhadas apenas dentro do quadro político-partidário do país. Setores conservadores e trabalhistas juntam-se, por fora dos partidos, para defender um maior ou menor controle sobre o sistema. Ele diz que "é impossível prever o futuro dessa situação, só restando esperar que das modificações no sistema da mídia surja um novo modelo, com poder e responsabilidade — comprometido mais com o público do que com os proprietários e o governo".

CONCLUSÕES

Esse é o quadro da mídia britânica na metade da década de 1990. Muito diferente do início da década de 1980, ainda restrito à imprensa de um lado e à mídia eletrônica de outro, com o seu duopólio formado pela BBC e ITV. Neste capítulo procurou-se mostrar como isso foi alterado com o avanço das novas tecnologias de comunicação, especialmente o cabo e o satélite, e com o processo de liberalização da economia, estimulado pelos governos conservadores a partir de 1979. Foi traçado um quadro mostrando o entrelaçamento dos interesses empresariais em toda a mídia e descrito o processo legal necessário para a implementação das transformações no sistema, levando em conta as formas de atuação dos grupos organizados da sociedade interessados na questão.

Um fato significativo, ocorrido em 1995, veio confirmar a previsão anterior de que seria impossível caracterizar o *broadcasting* britânico sem antes traçar um quadro mais geral de toda a mídia.

No final de maio daquele ano o governo publicou, por intermédio do Ministério do Patrimônio Nacional, um "Green Paper" com propostas de modificação na lei que regula a propriedade dos meios de comunicação na Grã-Bretanha. A concepção básica é que a televisão terrestre, por cabo ou satélite, bem como os jornais nacionais e regionais, juntamente com o rádio, constituem um único mercado e devem ser assim considerados para efeitos de concessões e licenças.

Pelas normas em vigor os jornais podem controlar até 20% das ações das empresas de rádio e televisão e vice-versa, não havendo nenhuma referência ao número de leitores ou à audiência atingida. No novo documento isso passa a ser levado em consideração. O objetivo é evitar o surgimento de monopólios ou oligopólios entre o público leitor, ouvinte ou telespectador, conjuntamente.

As justificativas dadas pelo ministro do Patrimônio Nacional, Stephen Dorrell, na introdução do documento (HMSO, 1995) são de que para salvaguardar o interesse público é necessária uma proteção que garanta a diversidade e a pluralidade das fontes de informação. Para isso é fundamental o fortalecimento das empresas que atuam nesse mercado, caso contrário "se nós solaparmos os negócios da mídia, em pouco tempo nós teremos solapado a diversidade dos pontos de vista do povo britânico".

Os principais pontos propostos para a nova regulamentação são os seguintes:

1. Empresas jornalísticas que controlam menos de 20% do mercado nacional de jornais poderão ter o controle de até 15% do mercado total de televisão.

2. Empresas jornalísticas com menos de 20% da circulação nacional poderão participar das concorrências para rádios locais e nacionais, contanto que isso não resulte em um controle maior do que 30% da mídia na área local.

3. As empresas de televisão podem expandir sua audiência até 15% do total da média, mas permanecem limitadas a duas licenças regionais.

4. Empresas de televisão terrestres podem possuir ações das companhias que transmitem via cabo ou satélite, contanto que o total de interesses combinados não exceda a 15% da audiência nacional de televisão.

5. Companhias de televisão por satélite ou cabo podem ter licenças dos canais 3 ou 5, desde que não excedam a 15% do total do mercado ou o limite de duas licenças.

Diante desses fatos, fica clara a necessidade do estabelecimento de novos critérios para a elaboração de normas que garantam a pluralidade do mercado da mídia. Não basta mais limitar a propriedade ao número de títulos de jornais ou de emissoras de rádio ou televisão. O que se propõe agora é que esses critérios sejam apenas complementares de normas mais abrangentes, estabelecidas a partir do efetivo alcance que cada empresa tem sobre o mercado jornalístico, combinado com os níveis de audiência do rádio e da televisão.

Com isso se dá a institucionalização de um mercado único da mídia, acompanhando o desenvolvimento real do setor que tornou ultrapassada, na prática, a idéia da existência de uma segmentação entre os diferentes tipos de veículos de comunicação. Hoje só é possível entender o *broadcasting* britânico dentro desse conjunto mais geral, que passa a ter também um novo tratamento institucional. E não basta mais apenas a imposição de limites ao número de concessões. É preciso relacioná-las com as fatias de público atingidas pelos grupos empresariais que atuam na área da mídia, para garantir uma efetiva pluralidade de fontes de informação. Essa proposta acaba por confirmar, na prática, a previsão inicial da existência de um mercado único da mídia na Grã-Bretanha.

REFERÊNCIAS BIBLIOGRÁFICAS

CALCUTT, David (1990) *Report of Committe on Privacy.* Londres: HMSO.

CURRAN, James (1994) "Alternative approaches to media reform" *In* CURRAN, James e SEATON, Jean — *Power Without Responsability* — The Press and Broadcasting in Britain, Londres: Routledge, pp. 335-72

HMSO (1995) *A Media Ownership: The Government's Proposals.* Londres: HMSO.

MAC DONALD, Barrie (1994) *Broadcasting in the UK.* Londres: Mansell.

PEAK, Steve (1994) *The Media Guide.* Londres: Routledge

————. (1995) *The Media Guide Guardian Book.* Londres: Guardian.

SANCHEZ-TABERNERO, Alfonso (1993) *Media Concentration in Europe — Commercial Enterprise and the Public Interest.* Dusseldorf: The European Institute for the Media.

TUNSTALL, Jeremy (1993) "The United Kingdom". *In* OSTERGAARD, Bernt Stube (org.), *The Media in Western Europe.* Londres: Sage, pp. 238-55.

TUNSTALL, Jeremy e PALMER, Michael (1991) *The Media Moguls.* Londres: Routledge.

CAPÍTULO 3

A TELEVISÃO INDEPENDENTE

A televisão independente na Grã-Bretanha surgiu de um "casamento arranjado entre a autoridade pública e a iniciativa privada" (Potter e Sendall, 1989). Com isso buscou-se atender às conveniências do mercado, sem que houvesse queda dos padrões de qualidade. De um lado foram mantidos praticamente intactos os princípios que inspiraram o sistema público de rádio e televisão, cujas formas de controle se estenderam para as novas emissoras mantidas pela propaganda. E, de outro, abriu-se para o mercado uma atividade de alto retorno financeiro, estimulando a dinamização de vários setores da economia, como o da propaganda e o da produção de programas de televisão.

Este capítulo vai historiar o debate em torno da quebra do monopólio da BBC, analisar as formas de concorrência entre os dois sistemas, descrever os mecanismos públicos de controle sobre o sistema independente e discutir o processo de abertura comercial, com a quebra do duopólio e a abertura para a implantação do sistema comercial por meio das transmissões por cabo e satélite.

A QUEBRA DO MONOPÓLIO

A concorrência, inerente à quebra do monopólio, se limitou apenas aos setores que subsidiam as emissoras de televisão. Entre elas não se implantou qualquer tipo de disputa comercial, já que cada concessionária detém o monopólio da transmissão para a sua região e, conseqüentemente, de toda a publicidade. Isso levou o proprietário da Scottish Television a dizer que uma "concessão para operar uma emissora de televisão na Grã-Bretanha era como se fosse uma licença para imprimir dinheiro". Doze anos depois de estabelecido o sistema, uma empresa que não conseguiu a renovação de sua concessão havia acumulado um lucro de aproximadamente US$ 84 milhões, tendo partido de um capital inicial de US$ 800 mil (Hood e O'Leary, 1990).

Esse mecanismo gerou o que alguns autores ingleses chamam de os cinco barões da televisão. São os proprietários das grandes companhias, que atuam nos maiores mercados: Granada, London Weekend Television,

Central, Thames e Yorkshire. Num segundo escalão estão a Scottish Television e a Anglia e depois vêm as menores, operando em regiões de renda e consumo mais baixos.

A chave de todo o sistema está no fato de o lucro das empresas não estar vinculado à audiência que elas atingem. O objetivo foi evitar que a busca de lucros maiores pudesse determinar grandes concessões à vulgaridade da programação. No início da década de 1950, quando cresceu o debate em torno da criação da televisão independente na Grã-Bretanha, entre as várias correntes de opinião que vinham a público manifestar-se só havia uma concordância: evitar o que consideravam o excesso de comercialismo da televisão norte-americana. E o argumento do estímulo à concorrência e pluralidade de programações era contra-argumentado com o fato de que, muitas vezes, em vez de uma ampliação das possibilidades de escolha para o telespectador, o que ocorria era apenas uma duplicação dos mesmos tipos de programa. Lorde Jowit, defensor dessa posição, citava constantemente o exemplo de oito emissoras de uma região dos Estados Unidos transmitindo o mesmo jogo de *rugby* (Sendall, 1982).

A campanha pelo fim do monopólio da BBC surgiu logo após o término da Segunda Guerra Mundial. As transmissões, que começaram em 2 de novembro de 1936 e tiveram sua primeira grande audiência em fevereiro de 1937, com a cobertura das solenidades de coroação do rei George VI, foram interrompidas no dia 1º de setembro de 1939, diante da iminência da guerra. Era uma sexta-feira e o exército alemão acabara de invadir a Polônia. Em Londres, um milhão de crianças foi evacuada da cidade e foi imposto o *black-out*.

A BBC uniu suas estações nacionais e regionais de rádio numa só emissora. Às 12h10, a televisão saiu do ar porque os ingleses temiam que as transmissões emitidas pelas antenas instaladas no Alexandra Palace, ao norte de Londres, pudessem ajudar a orientação da aviação inimiga. Naquele momento 20 mil residências, em Londres, possuíam aparelhos de televisão. A declaração de guerra foi feita pelo rádio dois dias depois. Às 11h15 de domingo, o primeiro-ministro, Neville Chamberlain, informou à nação que o ultimato dado ao governo alemão para retirar as tropas da Polônia havia-se esgotado quinze minutos antes e que, a partir daquele momento, a Grã-Bretanha estava em guerra com a Alemanha. A seguir fazia um apelo ao povo para se engajar nos serviços de emergência criados para manter em funcionamento a vida do país. Era o primeiro sinal do papel que a BBC iria desempenhar ao longo da guerra, cujos efeitos marcam até hoje sua existência. A televisão só voltou a funcionar no dia 7 de junho de 1946.

Enquanto o serviço de rádio da BBC, que desempenhou um papel estratégico durante a guerra, foi preservado, a televisão passou a receber uma série de críticas. As principais eram sobre o seu excessivo poder, com uma programação uniforme que impunha padrões culturais e lingüísticos a regiões distintas, como o País de Gales e a Escócia. Do lado trabalhista, as organizações sindicais ligadas ao setor das comunicações faziam campanha pelo fim do monopólio televisivo da BBC, esperando com isso a abertura de um grande número de novos empregos. No entanto, o monopólio do serviço público também tinha ardorosos defensores.

Em junho de 1949 o governo constituiu uma comissão de inquérito, sob a presidência do lorde Beveridge (considerado um dos idealizadores do "Estado do Bem-Estar Social", na Inglaterra), para "analisar a constituição, o controle, o financiamento e outros aspectos gerais dos serviços de transmissão de som e imagem no Reino Unido". Das comissões formadas pelo governo, desde 1923, para investigar a radiodifusão, esta foi a que mais trabalho apresentou, devido à multiplicidade de pressões que vinham dos mais variados setores sociais, interessados em atuar de alguma forma no novo veículo de comunicação. A comissão reuniu-se 62 vezes em dezoito meses, tendo analisado 368 documentos. As comissões anteriores não haviam passado dos 32 documentos (Sendall, 1982).

O relatório final, submetido ao Parlamento em 18 de janeiro de 1951, reafirmou a idéia de que o *broadcasting* deve ser defendido de qualquer competição para evitar uma "degradante batalha por audiência". Ele rejeitou também a idéia de introduzir propaganda ou apoios publicitários, em favor da manutenção da licença paga pelos telespectadores. A única concessão feita à quebra do monopólio aparece no relatório como uma idéia a ser discutida posteriormente de que "os serviços competitivos poderão ser perfeitamente conduzidos dentro do interesse público" (Beveridge, 1951). Aparecia aí, pela primeira vez de forma explícita, a noção que mais tarde iria conduzir a implantação do sistema independente de televisão na Grã-Bretanha.

Mas a pressão pelo fim do monopólio da BBC prosseguiu. Parlamentares vinculados aos *lobbies* da indústria eletrônica tornaram-se muito ativos nas sessões em que o tema em pauta era o *broadcasting*. Com a vitória dos conservadores nas eleições gerais de 1951, e a posse de Winston Churchill como primeiro-ministro, um novo impulso foi dado ao processo de abertura da televisão para o mercado. Seis meses após a sua posse, o governo publicou um "White Paper" que propunha as mais importantes mudanças no setor, desde 1927, ano em que a BBC deixou de ser companhia comercial, transformando-se em corporação pública. O documento diz que "o presente governo concluiu que para a expansão das atividades da televisão deverá ser permitida a presença de alguns elementos de competição" ("White Paper", 1952).

Uma proposta mais elaborada vai surgir em outro "White Paper", enviado ao Parlamento em novembro de 1953. Nele são enumerados os assuntos proibidos para a nova televisão. Há uma relação de treze itens em que se inclui a proibição de qualquer ataque à família real ou a chefes de Estado e a apresentação de imagens consideradas obscenas. O órgão gestor do novo sistema seria constituído na forma de uma corporação pública, que além de proprietária e operadora dos transmissores teria a tarefa de aplicar as normas referentes aos programas e à publicidade. Esse órgão, que seria denominado Independent Television Authority (ITA), assumiria o papel de uma emissora

49

de televisão (o *broadcaster*), com a obrigação de construir e manter a estrutura física do sistema, pesquisar audiência, controlar a programação e contratar empresas concessionárias para realizarem a operação dos serviços. O conjunto delas formaria a Independent Television Network (ITV), subordinada à ITA ("White Paper", 1953).

Fica clara aí uma importante divisão de funções na gestão da televisão independente. Uma corporação pública é a emissora de televisão tal como conhecemos no Brasil. Só que ela apenas transmite e supervisiona a programação. Quem produz os programas (ou contrata de produtoras independentes) são as concessionárias que pagam um aluguel para usar os canais públicos, com o direito de vender a publicidade. É por esta razão que não se pode falar até hoje na existência de um sistema comercial puro de televisão na Grã-Bretanha. E nem em emissoras comerciais, porque as empresas que compõem a ITV não têm controle sobre o sistema de transmissão, que é realizado pela corporação pública.

Mas além dessas definições de função, o "White Paper" também deixava claro quais os objetivos que o governo pretendia alcançar com a implantação da televisão independente. Primeiro, introduzir um elemento de competição que permitisse aos empresários participar plenamente dessa atividade. Segundo, reduzir ao mínimo os compromissos financeiros do Estado com o novo sistema e, em terceiro lugar, implantar procedimentos cautelares para evitar abusos na programação e rebaixamento dos padrões de qualidade. E a direção, responsável por essa tarefa, seria confiada a um conjunto de pessoas nomeadas pela rainha e apontadas pelo governo. Elas seriam escolhidas como representantes não-formais de setores como a indústria, o comércio, a administração, a educação, o entretenimento e as artes. Repetia-se, quase por completo, o modelo de direção formulado para a BBC na década de 1920. Em síntese, aplicava-se o "típico jeito britânico de fazer as coisas: um efetivo controle numa mão e grande liberdade na outra" (Sendall, 1982).

A NOVA TELEVISÃO

A promulgação da Lei da Televisão de 1954 foi precedida de uma atuação de vários *lobbies* jamais vista no país, com os debates no Parlamento chegando à histeria (Hood e O'Leary, 1990). Os interesses não eram apenas comerciais ou políticos. A Igreja anglicana procurava interferir diretamente nas regras de funcionamento das novas emissoras, chegando ao ponto de o seu chefe, o arcebispo de Canterbury, interromper as férias para acompanhar os debates e a votação, que, ao final, aprovou a nova lei por 302 a 280 votos. Ela foi publicada em 4 de março de 1954, pondo fim ao monopólio da BBC e criando sua concorrente em termos de audiência: a Independent Television Authority (ITA), transformada em 1972 na Independent Broadcasting Authority (IBA) e, a partir de 1990, na Independent Television Commission (ITC).

50

Embora independente, a ITA, pela lei aprovada no Parlamento, receberia £1 milhão do governo para se implantar e mais £750 mil por ano, durante dez anos, "para evitar total dependência da publicidade". Esse é um dos cuidados maiores da nova lei, que estabeleceu também uma separação nítida entre programas e anúncios, determinando que a publicidade só entrasse no começo ou no fim dos programas, ou em "intervalos naturais" que só poderiam ocorrer a cada vinte minutos. A prática de interromper o programa, principalmente filmes ou novelas, em seus momentos mais interessantes para inserir propaganda é desconhecida até hoje pela televisão britânica. A idéia explícita na lei é de que a propaganda não poderia "depreciar os valores dos programas feitos para entreter, instruir e informar" (Television Act, 1954). Sendall (1982) diz que a interpretação da lei com todas as suas salvaguardas foi uma "desconfortável tentativa de estabelecer um compromisso entre as pressões comerciais de um lado e as pressões para manter intactas as tradições do serviço público de *broadcasting* de outro".

Estava criado o duopólio na televisão britânica, um sistema *sui generis* que só viria a ser abalado na década de 1980 com o surgimento das transmissões por satélite e cabo. A maioria dos analistas na década de 1960 afirma que a qualidade da televisão cresceu com a concorrência. A BBC e a ITV, além de disputarem audiência, passaram a concorrer na busca dos melhores profissionais existentes no mercado. Inicialmente houve uma transferência grande de produtores, técnicos e artistas da BBC para a ITV, mas, passados os primeiros cinco anos de funcionamento da nova emissora, o fluxo equilibrou-se.

A disputa por talentos sempre foi constante entre a BBC e a ITV. Um exemplo é o do produtor de teatro Nick Elliot que deixou a London Weekend Television (uma das concessionárias que formam a ITV) e transferiu-se para a BBC. Em abril de 1995 ele deixou a BBC atraído pela proposta feita pela ITV para assumir a chefia dos teleteatros de toda a rede.[1]

Essa competição permanente em busca da melhor qualidade reflete-se na programação. Paulu (1981), um estudioso norte-americano do modelo britânico, disse que "a televisão britânica cresceu com a competição... A competição tem sido um incentivo para a BBC ao mesmo tempo em que a ITV tem dado uma grande contribuição para o enriquecimento da programação no país". Segundo ele, isso só foi possível graças à Lei da Televisão de 1954 que criou "um sistema de televisão comercial controlada".

É interessante notar como a visão otimista de um analista norte-americano, crítico do comercialismo da televisão em seu país e admirador do modelo britânico, contrastava com as opiniões de importantes setores internos à própria Grã-Bretanha, que se mostravam insatisfeitos com a qualidade da televisão independente. Em julho de 1960, o governo constituiu uma nova comissão de investigação para "analisar o futuro dos serviços do *broadcasting* no Reino Unido" sob a presidência de Harry Pilkington. O relatório final, publicado

---

1. *The Guardian*, Londres, 26.4.1995.

dois anos depois, refletia o resultado de 78 reuniões da comissão, de 43 reuniões das subcomissões constituídas para estudar aspectos específicos do problema e da análise de 852 documentos enviados por organizações ou pessoas interessadas na questão. O resultado desse trabalho foi uma dura crítica ao conteúdo da programação da ITV, propondo uma revisão radical de toda a sua estrutura e recomendando que a ITA tivesse seus poderes ainda mais ampliados, passando a planejar diretamente os programas e a vender publicidade. Com isso as concessionárias se transformariam em simples produtoras de programas por encomenda, que venderiam os seus trabalhos para a ITA (Pilkington, 1962).

O governo rejeitou as mudanças mais drásticas, mas enviou ao Parlamento um novo "White Paper" enfatizando a necessidade de um controle maior da ITA sobre a programação para garantir padrões de qualidade mais elevados, particularmente coibindo a violência mostrada em determinados programas e exercendo um "controle mais formal e direto sobre a propaganda" ("White Paper", 1963). O documento, transformado em lei em 1964, é bem mais longo e detalhado que aquele formulado dez anos antes. As preocupações contidas no relatório Pilkington a respeito do controle sobre a publicidade foram acatadas. A nova lei, por exemplo, acabou com um programa que, sob o rótulo de "revista de propaganda", fazia ofertas de vendas de produtos comerciais. Terminou também com os anúncios de cigarros e estabeleceu novos parâmetros de controle sobre as cenas de violência.

A lei vai estabelecer também de forma mais clara os deveres da televisão independente. Além de reafirmar aquilo que já havia sido consagrado em textos legais anteriores e válidos até então só para a BBC sobre a "independência do governo 'do dia', dos grupos políticos, religiosos, comerciais ou quaisquer outros", ela inova ao enfatizar a idéia de que as emissoras devem ser competitivas explicando que

> "numa democracia seria insatisfatório que o público tivesse só uma fonte de informações, entretenimento ou educação através do rádio ou da televisão. Que seja (a televisão independente) uma efetiva ampliação de escolhas e não escolhas 'todas iguais'".

Devem ser também "empresas rentáveis, competentes para sustentar-se e que exerçam uma competição por bons programas e não por audiência" (Television Act, 1964).

A primeira crítica explícita ao duopólio só foi aparecer no relatório da comissão constituída em 1985 e dirigida pelo professor Alan Peacock. Ele define o modelo da televisão britânica vigente naquela época como "um confortável duopólio" e propõe "o alargamento das escolhas para o telespectador" (Peacock, 1986). Antes dele, o mais importante documento produzido sobre o assunto foi o relatório final de uma outra comissão que funcionou na década de 1980, sob a direção de lorde Annan. A comparação entre ambos é significativa por demonstrar duas visões diferenciadas sobre o papel da televisão. O Relató-

52

rio Annan é um documento conservador que defende "a preservação da ordem atual do *broadcasting* britânico, com controle público por intermédio do Parlamento. Esta tradição tem sido aceita pela nação, e nossas recomendações são para fortalecê-la" (Annan, 1977). Era praticamente um retorno à década de 1960 e, especialmente, aos princípios defendidos no Relatório Pilkington, de 1962. Em ambos o telespectador é visto como um ser indefeso que necessita de proteção.

O FIM DO DUOPÓLIO

Já o relatório Peacock abala essas convicções e se torna uma importante fonte de referência para o debate sobre o futuro da televisão britânica a partir das pressões políticas e tecnológicas dos anos 80. Seu texto final desagradou ao mesmo tempo conservadores e progressistas. Aos primeiros por defender enfaticamente a BBC das pressões do governo, por afastar qualquer tipo de censura moral sobre a televisão e por não admitir nenhuma forma de publicidade no sistema público. Aos outros por aceitar a presença mais efetiva do mercado no setor e a soberania de escolha dos telespectadores. Textualmente ele vai dizer que "nem a televisão financiada pela publicidade, nem o sistema público britânico dão soberania ao consumidor. O que dará isso será o desenvolvimento das redes de fibras óticas pela indústria das telecomunicações" (Peacock, 1986). Esse relatório foi produzido num contexto cultural e político em que "o serviço público de *broadcasting* era uma instituição fora de moda, ultrapassada" (Seaton, 1988).

Ainda que preservando a BBC da publicidade, o que foi considerado uma derrota para o governo conservador de Margareth Thatcher, o Relatório Peacock abriu caminho para a maior desregulamentação do setor comercial. Conduziu a uma diminuição dos poderes da IBA exigindo que ela aceitasse, nas concorrências, os maiores lances tanto para franquias da ITV como para os canais de cabo ou satélite. Quando isso fosse impossível deveria justificar publicamente o motivo da escolha de uma proposta de valor menor. Sugeriu também a desvinculação do canal 4 da IBA, tornando-o autônomo para vender sua própria publicidade. Essas propostas foram incorporadas pelo "White Paper" publicado pelo governo em novembro de 1988 e significativamente denominado *"broadcasting* na década de1990: competição, escolha e qualidade" ("White Paper", 1988).

Mas o mais importante desse relatório, e do próprio "White Paper", é sua defesa intransigente da soberania do consumidor. É a partir dele que se estabelece uma conexão estreita entre a idéia de uma sociedade de consumidores livres atuando num mercado televisivo no qual concorrem numerosos fornecedores. Isso só se tornou possível com os rápidos avanços tecnológicos que estavam ocorrendo no setor, o que seria impensável alguns anos antes, quando havia uma reduzida capacidade física de oferta, característica da televisão terrestre.

O relatório reflete também a onda de desregulamentação dos mercados vivida pela Grã-Bretanha na década de 1980. No caso do *broadcasting*, ainda que mantendo a BBC como serviço público, é permitida uma ampla expansão das concessões dos serviços de televisão por satélite e, logo a seguir, por cabo. Em 1984 entram em operação as primeiras emissoras de televisão por satélite de propriedade do grupo News International, de Rupert Murdoch. No mesmo ano começa a funcionar a primeira franquia de TV a cabo, a Swindon Cable, franqueada junto com outras onze empresas no ano anterior. Em 1985, receberam permissão para funcionar mais quatro; em 1986, seis; em 1988, nove; em 1989, 28 e em 1990, 75 (ITC, 1990).

A nova lei, publicada em 1º de novembro de 1990, preocupou-se basicamente com a televisão comercial. A publicidade continua a ser controlada de perto, com a proibição de anúncios políticos e com determinações precisas para que a ITC regulamente o tempo que as concessionárias poderão destinar para a propaganda. Determina também a criação de normas para o conteúdo e o momento adequado à veiculação de anúncios de brinquedos (Broadcasting Act, 1990). A ITC estipulará que não serão permitidos mais do que sete minutos de anúncios, em média, por hora e que, em cada hora, não poderá haver mais de sete minutos e meio de publicidade. Os padrões dos programas infantis serão controlados rigidamente e os anúncios de brinquedos não poderão ser transmitidos nas duas horas que antecedem ou que sucedem esses programas.

CONTROLE DE QUALIDADE

Essas medidas são resultado de um volume maior de debates a respeito da qualidade da televisão mantida pela publicidade. A lei de 1990, embora liberalizante em seus aspectos comerciais, segue a tradição de manter um rígido controle sobre os níveis da programação. Ela determina que as concessionárias "mantenham um noticiário nacional e internacional de alta qualidade, transmitidos regularmente ao longo do dia e, especialmente, no 'horário nobre'"; que "mantenham no ar um conjunto de programas regionais"; que "transmitam programas religiosos e infantis"; que "mantenham um serviço que atenda a uma larga variedade de gostos e interesses"; e dediquem "um tempo razoável para programas de alto nível".

Estas regras são, na verdade, uma continuidade do que a antiga IBA vinha fazendo desde o início da década de 1980 quando elaborou um "Convite para apresentação de pedidos de franquia para canais regionais", publicado em fevereiro de 1981. Lá estão as normas que, no geral, não diferem das aplicadas a partir de 1990. De acordo com o convite, os concorrentes deveriam garantir um serviço de telejornalismo, com notícias nacionais e internacionais, transmitido em pelo menos três programas, com as seguintes durações mínimas: vinte minutos na hora do almoço, quinze minutos no final da tarde e trinta minutos no horário nobre. Teriam também de garantir um programa de pelo menos noventa minutos, dedicado a questões da atualidade, contendo explicações e análises dos fatos relatados. Deveriam transmitir, no mínimo, duas horas semanais de programas religiosos; manter um "serviço regional forte", incluindo não só um noticiário de alto nível, mas também programas refletindo necessidades sociais e estimulando ações individuais ou coletivas e apresentar pelo menos dez horas semanais de programas infantis. E mais. Exigia que cada participante da disputa pelas concessões dissesse claramente quanto da programação iria oferecer em cada uma das seguintes categorias: teatro e cinema, entretenimento, esportes, notícias, outros programas jornalísticos, educação (incluindo educação de adultos e serviço social), religião, artes e programação infantil. Essas normas foram usadas pela ITC como referência para regulamentar o Broadcasting Act 90 (Hearst, 1992).

A questão da qualidade, reiteradamente mencionada nos documentos institucionais da televisão britânica, é sempre um tema problemático, pela necessidade de levar em conta valores subjetivos. No Broadcasting Act 90 e na sua regulamentação a questão é enfrentada com a busca de conceitos capazes de dar ao termo um mínimo de entendimento comum. São usadas expressões para qualificar os programas como "produzidos com caráter especial e único", "elaborados por uma imaginação criativa" ou "desenvolvidos em padrões excepcionalmente altos de produção". E isso devia valer tanto para a programação dirigida a públicos minoritários como para as grandes audiências.

Hearst (1992) vai concordar com a dificuldade em precisar esses conceitos de qualidade afirmando que

> "qualquer pessoa que adotar uma posição relativista, perguntando 'quem diz o que é qualidade?', ficará insatisfeita com os termos usados nos documentos públicos sobre a televisão. Mas na medida em que se aprofundem na consciência que os britânicos têm do *broadcasting* e na lei, perceberão que esses termos têm significado. É melhor exigir alta qualidade e cair um pouco do que fazer baixa exigência e acertar no alvo".

O controle prático dessa qualidade, que já vinha sendo feito pela IBA (continuando com a ITC) e pela Broadcasting Complaints Commission, teve um novo órgão acrescentado a essa tarefa pela lei de 1990: o Broadcasting Standards Council. Essa combinação de comissões, amparadas por ampla veiculação de seus atos na mídia e pela repercussão de seus pronunciamentos no Parlamento é que mantém sempre sob pressão os produtores dos programas. O problema é saber quais são os parâmetros que elas empregam para realizar esse trabalho.

A idéia levantada por Hearst da necessidade de "um aprofundamento" na consciência britânica é importante por revelar que ela ainda tem características comuns muito fortes, resultado de uma cultura nacional consolidada ao longo dos séculos. Mas por outro lado, outros autores chamam atenção para o processo de transformação cultural britânico, acelerado nas últimas três décadas graças basicamente a dois fatores: a internacionalização crescente das informações, que penetra e redefine valores britânicos tradicionais, e a elevação do fluxo de imigrantes, introduzindo novos padrões culturais à sociedade. Junta-se a isso a onda de liberalização econômica, impulsionada pelos governos conservadores a partir de 1979, que estabeleceu novos parâmetros de competição que vão refletir-se na televisão.

A atual lei em vigor é, mais uma vez, uma tentativa de equilibrar a livre concorrência na venda dos produtos televisivos com o controle da qualidade dos seus conteúdos. Numa sociedade que nos últimos anos viu estimulada a concorrência ao seu mais alto grau, essa combinação é muito problemática. A tendência é que a situação de tensão se agrave, uma vez que a própria lei de 1990 abriu a televisão para um tipo de competição até hoje desconhecido na Grã-Bretanha: três redes nacionais terrestres competindo no mesmo mercado publicitário.

Como vimos anteriormente, durante o "confortável duopólio", que vigorou de 1954 a 1984, a BBC e a ITV competiam por audiência, mas não por verbas. Cada uma tirava os seus recursos de uma fonte diferente. Com a chegada do cabo e do satélite, novos competidores entraram no mercado, mas ainda assim atuando com sistemas distintos de transmissão. O final da década de 1990 verá um quadro até então inédito na televisão comercial britânica. As dezesseis concessionárias regionais da ITV estarão disputando verbas publicitárias com o canal 4 (que, também como vimos, estava impedido de vender seus espaços publicitários) e com o novo canal 5, que deverá operar em bases de concessão estritamente comerciais. A partir daí nada será como antes na televisão do Reino Unido.

Mas as mudanças, inicialmente, afetam apenas a concorrência publicitária, porque o controle continua sendo público. Tanto é que as empresas que se candidataram a operar o canal 5 apresentaram, além dos lances monetários, propostas detalhadas da programação que pretendem levar ao ar, caso vençam a concorrência. A ITC, responsável pela escolha, divulgou um resumo dessas propostas para que elas fossem amplamente debatidas pelo público e pelas organizações interessadas. Uma síntese desse documento está no Anexo deste livro.

CONCLUSÕES

A televisão independente na Grã-Bretanha caracteriza-se por constituir um "sistema comercial peculiar". Ela atua sob estreito controle público e mantém reserva absoluta dos mercados regionais. Não há vínculo entre os índices de audiência e o lucro das empresas. Essa situação é resultado de um longo jogo de pressões e contrapressões que exerceram papel determinante na elaboração da legislação que instituiu a televisão independente na Grã-Bretanha. O resultado desse processo foi o surgimento de uma "comercialização controlada" no setor. Nesse sentido pesou muito a idéia de que a luta pela audiência degrada a programação.

Do ponto de vista institucional montou-se um engenhoso sistema que separa as figuras do emissor das imagens do seu produtor. A Independent Television Commission (ITC) garante, como órgão público, o controle da rede física de transmissão e a supervisão da programação das empresas concessionárias dos seus serviços. Estas, por sua vez, têm de um lado o privilégio do monopólio comercial sobre a região que operam, mas, de outro, além de pagar pelo aluguel das concessões valores correspondentes à receita obtida, têm a qualidade de sua programação mantida sob estreita vigilância por parte da ITC.

Uma das conseqüências desse acompanhamento da programação das emissoras de televisão por um órgão público é a possibilidade que a audiência tem de ampliar suas escolhas, já que as concessionárias são monitoradas no sentido de manter programas complementares entre si. E também entre elas e as emissoras da BBC. O objetivo explícito é criar opções reais e não estabelecer um simples modelo de "escolhas iguais", como ocorre nos sistemas comerciais de concorrência ampla.

Essa forte preocupação com o conteúdo da televisão comercial permanece na década de 1990. As empresas que disputaram a concessão do canal 5 tiveram de se submeter a rigorosas provas diante da ITC, que julgou detalhadamente as propostas que cada uma tinha para a programação da nova emissora. De um lado houve uma liberalização comercial com a abertura para transmissões por cabo e satélite, com a criação de um novo canal comercial e com a comercialização da programação do canal 5 feita por ele mesmo. De outro lado manteve-se a preocupação com os níveis de qualidade dos programas que continuarão sendo monitorados pelos diferentes órgãos que cumprem essa função.

REFERÊNCIAS BIBLIOGRÁFICAS

ANNAN, Lord (1977) *Report of the Committee on the Future Broadcasting.* Londres: HMSO.

BEVERIDGE, Lord (1951) *Report of Broadcasting Committee.* Londres: HMSO.

BROADCASTING ACT (1990) *Broadcasting Act 1990.* Part 1, Cap. 1, Sections 7, 8 e 9. Londres: HMSO.

CHANNEL 5 Broadcasting Limited (1995) *Application to the Independent Television Commission for the Channel 5 Licence.* Londres: Channel 5 Broadcasting Limited.

HOOD, Stuart e O'LEARY, Garret (1990) *Questions on Broadcasting.* Londres: Methuen.

HEARST, Stephen (1992) "Broadcasting Values in Britain". *In* BLUMER, Jay G. (org.) *Television and Public Interest — Vulnerable Values in West European Broadcasting.* Londres: Sage.

HICKMAN, Tom (1995) *What did you do in the War, Aunt?* The BBC at War 1939-45. Londres: BBC Books.

ITC (1993) *The Cable TV and Telecom Yearbook.* Dunstable: WOAC Communications.

PAULU, Burton (1981) *Television and Radio in the United Kingdom.* Londres: Macmillan.

PEACOCK, Alan (1986) *Report of the Committee on Financing the BBC.* Londres: HMSO.

PILKINGTON, Harry (1962) *Report of the Committee on Broadcasting*, 1960. Londres: HMSO.

POTTER, Jeremy e SENDALL, Bernard (1989) *Independent Television in Britain.* Volume 3: Politics and Control, 1968-1980. Londres: Macmillan.

SENDALL, Bernard (1982) *Independent Television in Britain.* Volume 1: Origin and Foundation, 1946-1962. Londres: Macmillan.

TELEVISION ACT (1954) *Television Act 1954.* Londres: HMSO.

TELEVISION ACT (1964) *Television Act 1964.* Londres: HMSO.

UK TV Developments Limited (1995) *A New Television Station for a New Era in Television.* Londres: UK TV Developments Limited.

VIRGIN Television Limited (1995) *Channel Five Re-Tuning*. Londres: Virgin Television Limited.

WHITE PAPER (1952) *Broadcasting: Memorandum on the Report of the Broadcasting Committee, 1949*. Londres: HMSO.

WHITE PAPER (1953) *Broadcasting: Memorandum on Television Policy*. Londres: HMSO.

WHITE PAPER (1963) *Broadcasting: Further Memorandum on the Report of the Committee on Broadcasting*. Londres: HMSO.

WHITE PAPER (1988) *Broadcasting in the 90s: Competition, Choice and Quality*. Londres: HMSO.

WILKINSON, Mark e GOWER, Paul (1995) *Channel 5 Bidding for the Future*. Londres: The Media Trust.

CAPÍTULO 4

A BBC

O sistema público de rádio e televisão adotado pela Grã-Bretanha pode ser dividido nas seguintes fases históricas: a empresa, a corporação monopolista, a emissora da guerra, o confortável duopólio e a vida sob a concorrência ampliada. O conceito de serviço público foi utilizado inicialmente para caracterizar a British Broadcasting Corporation. No entanto, com o advento das emissoras mantidas pela propaganda, esse conceito ampliou-se, uma vez que também elas são regidas por normas "de interesse público". Neste capítulo serão descritos e analisados aqueles cinco momentos, tendo como objeto central a BBC e como referência os princípios básicos que fundamentam a idéia do serviço público de *broadcasting*[1] e suas relações com o governo.

Em 1985, a Broadcasting Research Unit, um órgão independente de pesquisas mantido pela BBC, pelo British Film Institute e pela Fundação Markle de Nova York convocou intelectuais, jornalistas, produtores e diretores de rádio e televisão para tentar estabelecer um consenso em torno do que seriam os princípios do serviço público de rádio e televisão. Seus resultados foram publicados sob o título "The Public Service Idea in British Broadcasting — Main Principles".

Nas conclusões os autores reconhecem as dificuldades do trabalho proposto, mas afirmam que

> "naturalmente uma análise dos princípios centrais do serviço público de *broadcasting* como os mencionados é algo como um tipo ideal. Mas é nesse contexto que emergem os princípios que caracterizam o 'British Broadcasting'; por mais que possam parecer fracos ou incompletos, não podemos subestimá-los, particularmente à luz dos eventos dos meses recentes... Nenhum outro sistema é tão bem-sucedido em sua técnica, em sua cobertura geográfica, em sua universalidade de programação, na sua exploração do próprio meio de comunicação..."

---

1. Barnett e Docherty, em artigo publicado na coletânea *Broadcasting Finance in Transition*, analisam os princípios aqui descritos e comparam sua aplicação no Reino Unido, Suécia, Canadá, Nova Zelândia, Alemanha e Austrália com as diferentes formas de financiamento dos respectivos serviços públicos de *broadcasting*. Essas formas de financiamento estão detalhadas no Quadro 1, do Capítulo 1.

E completam dizendo que

"tudo isso é reconhecido no exterior, ainda que nem sempre ocorra o mesmo em casa. Nosso sistema de *broadcasting* e seus produtos são, internacionalmente, a principal jóia de nossa coroa cultural, uma imensa força de prestígio. Nós acreditamos que, por mais que o futuro nos traga mudanças tecnológicas, a essência desses princípios pode e deve ser mantida. Acima de tudo o povo britânico deve pensar muito antes da introdução da propaganda em todo o sistema, pois isso seria como tirar a pedra-chave que sustenta o edifício..."

Esse documento foi produzido num momento em que a BBC recebia fortes pressões do governo Thatcher para receber publicidade como forma de financiamento e revela um pouco do debate que se travou, nos anos 80, em torno do tema. É significativa também a referência às novas tecnologias, mostrando a preocupação com a proliferação dos canais de televisão via satélite e cabo e sua relação com o sistema público.

Mas o fundamental é que no documento final da pesquisa estão contidas as oito normas básicas do serviço público de rádio e televisão. Elas vigoram na prática, aparecem esparsas em vários documentos e continuam balizando o serviço britânico até hoje, tanto aquele mantido pela licença paga pelos telespectadores como o financiado pela propaganda.

OS PRINCÍPIOS DO SERVIÇO PÚBLICO

Os princípios consensuais são os seguintes:

1. Universalidade geográfica: os serviços de rádio e televisão devem ser oferecidos para todo o conjunto da população. A idéia é que todos os membros da sociedade são cidadãos e não apenas consumidores, com o direito de receber esse tipo de serviço público, assim como têm o direito de acesso aos serviços de água ou à recepção do correio.

2. Apelo universal: os serviços devem ser oferecidos para todos os gostos e interesses. Como as possibilidades de transmissão de imagens (e de sons) encontram limitações físicas, a saída para atingir o mais amplo espectro de gostos e interesses foi a criação de um sistema complementar de canais, em que um transmite uma programação mais abrangente, as chamadas programações generalistas, e outro procura atingir públicos mais específicos. Isso ocorre tanto com a BBC como com os canais mantidos pela propaganda. Esse item contém uma explícita referência ao papel do *broadcasting* público que "não pode ter obsessão pela audiência (não devendo, no entanto, ignorá-la) e, sim, dar maior atenção à proporção da população atingida". Aqui cabe comentar que esses princípios ainda estão carregados de um sentimento muito homogêneo de nação, no qual a diversidade de gostos e interesses poderia ser coberta por apenas quatro canais terrestres de televisão. Há também um forte resquício do papel do rádio na guerra, em que todas as diferenciações desapareciam diante do inimigo comum. Com cinqüenta anos de paz, com o crescimento do número de imigrantes e a ampliação das ofer-

tas pelos serviços de cabo e satélite, esse princípio foi seriamente abalado. Por outro lado, há um forte estímulo, tanto na carta de concessão da BBC como das emissoras independentes, para que os programas sejam os mais variados possíveis, com a oferta de notícias, documentários, entretenimento leve, filmes, teatro, esportes e cobertura de eventos "ao vivo".

Comentando esse princípio Barnett e Docherty (1991) afirmam que ele está inserido na relação mais geral que deve existir entre os sistemas público e privado que, segundo eles, "apresenta dois riscos: se o serviço público optar por uma programação complementar, produzindo programas caros e de baixa audiência, como a ABC faz tradicionalmente na Austrália, há o risco de sofrer acusações de elitismo". Situação que pode ser identificada, no Brasil, em vários momentos da história da TV e Rádio Cultura de São Paulo.[2] Para superar esse problema os autores citados dizem que "há a necessidade de um sofisticado sistema regulador capaz de encorajar e, se necessário, forçar uma identidade de propósitos entre o *broadcasting* público e o privado, como forma de evitar que o sistema público atue num vácuo".

3. Universalidade de pagamento: pelo menos a principal organização de radiodifusão deve ter os seus serviços pagos por todos os usuários. A idéia é que assim como se paga para ter acesso a outros serviços públicos, como a água ou o correio, também se deve pagar pelos programas de rádio e televisão. A multiplicação de ofertas, mantidas pela propaganda ou por assinaturas, abalou a idéia de que o pagamento da licença para ver televisão ou ouvir rádio era inquestionável. Ainda assim ele é defendido sob o argumento de que é o único meio de evitar os riscos de quebra de independência que podem ser causados pela propaganda (na medida em que pode submeter a programação às vontades dos anunciantes) e pela subscrição que gera o risco de acabar com a igualdade de acesso.

4. Independência: distância dos interesses particulares e principalmente dos do "governo do dia". Aqui trata-se da construção de um "tipo ideal" submetido a pressões de todos os lados. Há uma longa tradição britânica na qual os conselhos públicos, formados por pessoas reconhecidamente não partidárias, servem para impedir que os produtores de rádio e televisão sofram interferências políticas e comerciais. Isso explica o grande número de órgãos e comissões formados para dirigir ou supervisionar o *broadcasting* britânico. Ao observador externo, a impressão é que esses órgãos são criados para estabelecer um sistema múltiplo e inter-relacionado de controle, na busca de um constante equilíbrio entre eles próprios e as pressões que os cercam.

Barendt (1993) lembra que

"na Grã-Bretanha o *broadcasting* não está sujeito às leis gerais do país. Os casos conflituosos não vão para os tribunais, como ocorre em outros países. As pendências sobre a estrutura e o controle do rádio e da televisão são debatidas vigorosamente através da mídia e no Parlamento, para depois serem resolvidas politicamente".

---

2. Sobre as linhas de programação da TV Cultura de São Paulo, ver Leal Filho, Laurindo, *Atrás das câmeras*. Summus, São Paulo, 1988, pp. 49-62.

Dessa forma, continua o mesmo autor, "a liberdade de *broadcasting* na Grã-Bretanha só existe sob frágeis convenções, que podem ser desrespeitadas por governos mais autoritários". A idéia da isenção é, no entanto, uma marca da BBC, reafirmada em numerosos documentos e presente cotidianamente nas redações. Mas, na prática, é possível perceber, ao longo da história, momentos de intervenção legal e explícita do governo sobre os meios de comunicação (como no caso.do banimento da voz dos representantes dos membros do braço político do IRA, o Sin Fein, nos programas de rádio e televisão entre 1989 e 1994) ou da apreensão de fitas do programa *A Sociedade Secreta*, em 1987, nos estúdios da BBC na Escócia, sob o pretexto de garantir a segurança nacional. Fatos como esses fragilizam a idéia de que os conselhos públicos podem resistir à interferência direta do governo.

Quando isso acontece, há reações fortes no Parlamento e na imprensa. Em alguns casos, essas manifestações acabam influindo na conduta da emissora, que geralmente apresenta explicações aos ouvintes e telespectadores. O que os canais de rádio e televisão não podem fazer, explicitamente, são editoriais. O jornalismo é investigativo e questionador, mas não emite opiniões. Entrevistas duras, que muitas vezes deixam ministros e outras autoridades do governo em situações embaraçosas, são comuns na televisão britânica, mas editorialistas "pessoais", como Boris Casoy, ou "corporativos", como os da Rede Globo, seriam impensáveis.[3]

5. Identidade nacional e comunidade: os produtores devem ter uma preocupação especial com os sentimentos de identidade nacional e de comunidade. Barendt (1993) diz que essa concepção vem dos anos 20 e é muito controvertida. Ela tem fortes componentes "chauvinistas", mas ao mesmo tempo encontra defensores pragmáticos, preocupados, por exemplo, com a "invasão cultural" norte-americana. Esse problema é tão sério que a Comunidade Européia, depois de estabelecer cotas para a programação produzida fora do continente, sofre fortes pressões para rever essas limitações. As normas foram estabelecidas em 1989 e ficaram conhecidas pelo título "Televisão sem fronteiras". Depois de seis anos em vigor formaram-se dois grupos tentando revê-las. De um lado os anglo-saxões, que querem liberalizar as determinações que obrigam as emissoras a reservar 51% do seu tempo anual de transmissão a programas de enfoque comunitário e a não ultrapassar com publicidade mais de 15% do total da programação. De outro estão os franceses, que lutam para manter a reserva de 50% de programação própria.

6. Minorias: atenção especial para as minorias, especialmente as menos favorecidas. Na já citada análise dos princípios feita por Barnett e Docherty

---

3. O jornalista Boris Casoy é apresentador do Telejornal Brasil, informativo diário do Sistema Brasileiro de Televisão (SBT), a segunda rede em audiência no país. Sua atuação difere tanto dos apresentadores que se limitam a ler o noticiário quanto dos *anchor-man*, que conduzem os telejornais fazendo entrevistas e conversando com os repórteres, sem emitir opiniões. Boris Casoy comporta-se mais como um "editorialista", dando sua opinião sobre as notícias transmitidas. Os apresentadores dos telejornais da Rede Globo de Televisão costumam ler editoriais que exprimem a posição dos proprietários da empresa.

(1991), eles explicitam que o termo minorias, ao ser relacionado com os tipos de programação do *broadcasting* deve ser entendido da forma mais ampla possível, o que "inclui não só caribenhos, maoris, aborígenes, esquimós e polinésios, mas também mulheres, adolescentes, seitas religiosas, amantes da jardinagem, do jazz etc...".

7. Competição: a radiodifusão deve ser estimulada para encorajar a competição por bons programas, mais do que por números. Há concordância entre os analistas de que o sistema público deve usar também dados de audiência, mas, diferentemente do sistema comercial, não pode ficar preso apenas a eles. A concorrência, segundo esses pontos de vista, deve ocorrer entre produtores e entre emissoras como forma de encorajar a confiança profissional, promover o interesse na busca de melhores formatos e estilos, além de estimular a consciência e a reação do público a respeito dos programas recebidos.

8. Criação: as orientações públicas para a radiodifusão devem servir mais para dar liberdade aos projetos dos produtores, do que para restringi-los.

"A regulamentação não deve ter simplesmente uma função negativa. Ela deve permitir que os produtores explorem todo o potencial do rádio e da televisão para educar, informar e entreter (...) garantindo recursos para a sua realização e estabelecendo normas para impedir que sua exibição seja feita apenas fora dos horários nobres" (Barnett e Dorchety, 1991).

São esses princípios que sustentam um projeto gerado na década de 1920 que se mantém de pé até hoje. E por mais curioso que possa parecer ele começou como um empreendimento comercial. A letra C, da sigla BBC, não se referia a uma corporação pública nos seus primeiros quatro anos de existência. Ela era a inicial de companhia, uma empresa formada para implantar o rádio na Grã-Bretanha. Essa é a primeira fase da história.

A EMPRESA

Como inovação tecnológica, o rádio é uma decorrência do telégrafo.[4] Por isso, na Grã-Bretanha, ele acabou ficando sob responsabilidade institucional do serviço de correios. A decisão de criar uma companhia para operar comercialmente o novo veículo, na forma de monopólio, foi do diretor geral dos Correios britânicos que, como vimos no Capítulo 1, buscava com isso resolver, de uma

---

4. A primeira demonstração experimental da possibilidade de transmissão de sons por ondas magnéticas foi feita por Heinrich Rudolf Hertz, em 1888. Antes dele, em 1864, Clerk-Maxwell já havia mostrado teoricamente que isso seria possível. Quem patenteou o invento para transmissão de sinais foi Guilhermo Marconi, em Londres, em 1896. Ele escolheu a capital inglesa por achar que o rádio teria grande utilidade para a Marinha britânica, a mais desenvolvida do mundo naquele momento. O primeiro a prever um pleno desenvolvimento do rádio, que o tornaria uma utilidade doméstica da mesma forma que o piano ou o fonógrafo, foi o norte-americano David Sarnoff, em 1916. Para maior detalhes sobre o surgimento e a consolidação do rádio ver Sampaio, Mário Ferraz, *História do rádio e da televisão no Brasil e no mundo*. Editora Achiamé, Rio de Janeiro, 1984.

só vez, dois problemas: um técnico e outro político. Técnico, porque evitava a proliferação de freqüências, tal como vinha ocorrendo nos Estados Unidos, considerada caótica pelas autoridades públicas, e político por estabelecer um interlocutor único da área de radiodifusão com o governo.

Coube às seis maiores empresas interessadas na comercialização de equipamentos radiofônicos constituir a British Broadcasting Company, Limited. As autodenominadas *big-six* eram a Marconi Company, a Metropolitan-Vickers, a Western Electric Company, a Radio Communication Company, a General Electric Company e a British Thomson-Huston Company. O conselho diretor foi constituído por um representante de cada companhia, com um coordenador "neutro", indicado pelo governo. A nova empresa foi formada oficialmente em 18 de outubro de 1922 e constituída legalmente em 15 de dezembro do mesmo ano. No entanto, a Marconi Company já transmitia regularmente desde 23 de fevereiro de 1920. Em maio de 1922 o diretor geral dos Correios, cargo que na Grã-Bretanha tinha o *status* de ministro, reuniu os fabricantes para iniciar as conversações em torno da formação da nova companhia, que recebeu licença para funcionar em 18 de janeiro de 1923 com uma cláusula significativa: ela não poderia transmitir "nenhuma notícia ou informação, exceto aquelas compradas das agências de notícias". E, além disso, a BBC também cedia às pressões da Associação dos Proprietários de Jornais e concordava em só emitir o seu primeiro boletim diário de notícias às sete horas da noite, para não concorrer com as informações divulgadas pelos jornais (Briggs, 1961).

Entre sua fundação e o ano de 1926, quando a companhia é fechada e transformada numa corporação pública, a BBC sofre um persistente ataque dos donos de jornais, preocupados com a concorrência, e vive uma série de disputas internas entre as *big-six* em torno dos direitos sobre as patentes do rádio, que acabam contribuindo para sua dissolução. Em 14 de novembro de 1923, o então diretor gerente da BBC, J. C. W. Reith, que ingressou na empresa atendendo a um anúncio publicado nos jornais, é indicado para o cargo de diretor geral. Ele iria, a partir daí, personificar a BBC, tornando-se uma referência para ela, mesmo depois de sua renúncia em 1937.

Reith foi descrito como "um engenheiro escocês, calvinista de berço, rígido e implacável" que usou "a força bruta do monopólio para imprimir a marca da moralidade cristã no povo britânico" (Taylor, 1965). Seaton (1991) diz que ele era "arrogante, mal-humorado e, como a maioria dos megalomaníacos, paranóico e autopiedoso". "Contudo", continua Seaton, "foi essa visão próxima do absurdo que permitiu a ele prever o poder do novo serviço". Era uma previsão justificável, reconhecida por aqueles que acompanhavam de perto o processo de consolidação do novo veículo. "Reith tem um poder único que nenhum homem teve antes dele: o de entrar em milhões de lares simultaneamente. Não há nenhum poder como esse no mundo", dizia a revista *Public Opinion*, em 24 de outubro de 1924 (Briggs,1985).

No mesmo ano, no livro *Broadcasting Over Britain*, Reith sintetizou em seis pontos as suas idéias acerca do papel do rádio:

1. Uma extensão dos objetivos do rádio seria propiciar a criação de um eleitorado mais inteligente e iluminado, tornando-se um fator de integração e um complemento para a democracia.

2. Serviria para estabelecer uma visão positiva acerca da religião, com uma atenção especial à programação dominical (Reith lamentava a dessacralização dos domingos).

3. A principal missão da BBC seria a educação, definida por ele como "um esforço sistemático e sustentado para recriar a construção do conhecimento". Sua expectativa era de que o rádio fosse dirigido por um conselho formado por "professores e homens de ciência".

4. Não fazer concessões ao vulgar. "É sempre melhor superestimar a mentalidade do público do que subestimá-la."

5. Afastar qualquer tipo de comercialização. "Fazer dinheiro não é objetivo do rádio."

6. Forte senso de dedicação pessoal, com o exemplo da responsabilidade sendo dados pelos dirigentes (Reith, 1949).

É curioso notar que nessa mesma época, a década de 1920, idéias semelhantes eram difundidas pelo pioneiro do rádio no Brasil, o antropólogo Edgar Roquette Pinto. Ao fundar a Rádio Sociedade do Rio de Janeiro, em 23 de setembro de 1923, mantida pela subscrição dos seus ouvintes, Roquette Pinto adotava um estilo de programação austero, procurando atingir um elevado nível erudito e cultural. Não havia publicidade nem música popular (Sampaio,1984), no estilo do padrão Reith.

Parte dessas idéias está presente também nos discursos e documentos que orientaram a criação da Fundação Padre Anchieta, mantenedora da Rádio e Televisão Cultura de São Paulo, em 1968. Um exemplo é o discurso do seu primeiro presidente, José Bonifácio Coutinho Nogueira, no ato de fundação quando dizia que

> "a filosofia do nosso trabalho busca a democratização do ensino e da cultura. Queremos conquistar para o povo a igualdade de oportunidades, através dos modernos métodos e processos de divulgação. (...) O governo Abreu Sodré deu à Fundação Anchieta o instrumental e a independência necessários. Os artistas, os cientistas, os professores, os intelectuais estão, desde já, convocados para o esforço comum que a TV Educativa espera de todos eles..." (Leal Filho, 1988).

Assim como ocorria com as sociedades de ouvintes brasileiros da década de 1920, na Grã-Bretanha também foi estabelecida uma taxa cobrada dos proprietários de aparelhos de rádio para manter a BBC. Eram dez shillings anuais pagos pela Broadcast Receiving Licence, que dava o direito de possuir um receptor em casa. A ela se somava também uma taxa de 10% aplicada sobre o preço líquido cobrado nas vendas dos aparelhos de rádio. Mas a evasão dessas receitas era muito grande e, no caso britânico, o lucro previsto pelas *big-six* não foi o esperado. Em 1923, o Comitê Sykes, constituído pelo governo para analisar as finanças da BBC, concluiu que ela não deveria aceitar publicidade, afirmando que tal procedimento "poderia interferir na competição de mercado, favorecendo as grandes empresas", mas já admitia, ainda que como forma parcial de financiamento, alguns tipos de contribuição, que são conhecidas hoje no Brasil como "apoio cultural". Recomendava, no entanto, a permanência da licença paga pelos ouvintes como a forma principal de manutenção do serviço.

A CORPORAÇÃO

Dois anos depois, em 1925, outra comissão constituída por iniciativa do governo, o Comitê Crawford, concluiu pela necessidade da manutenção do monopólio no setor, mas aconselhava a transformação da British Broadcasting Company numa "corporação pública que operasse de acordo com os interesses nacionais" (Crawford Committee, 1925). Em 1926 essa recomendação foi acatada com o surgimento da British Broadcasting Corporation, tendo à frente, como diretor geral, o mesmo J. Reith, iniciando a segunda fase da vida da BBC.

É significativo notar que os dois processos de implantação do rádio, o brasileiro e o britânico, ocorrem no mesmo momento histórico, e seus principais responsáveis têm idéias semelhantes a respeito do papel que o novo veículo deveria desempenhar na sociedade. No entanto, os caminhos seguidos na virada da década de 1920 para a década de 1930 são diferentes. Enquanto a Grã-Bretanha adota o sistema de serviço público mantido pelos ouvintes, o Brasil opta pelo modelo comercial. E a Rádio Sociedade do Rio de Janeiro, mantida pelos ouvintes, também passou a enfrentar problemas financeiros. "Isso, somado ao desgosto com a comercialização das novas emissoras que surgiam, levou Roquette Pinto a doar a sua rádio para o então Ministério da Educação e Saúde", em 7 de julho de 1936, com a condição de que ela mantivesse suas "características educacionais e não veiculasse publicidade", o que persiste até hoje. (Leal Filho, 1988).

Na Grã-Bretanha o modelo público é implantado concretamente no dia 1º de janeiro de 1927. Nessa data é emitida a primeira Carta Real criando a British Broadcasting Corporation e permitindo o seu funcionamento pelo período de dez anos. Esse é o documento legal básico (*primary constituent instrument*) que norteia o funcionamento da BBC e estabelece sua relação com o Estado. A ele se agrega a "Licença e Contrato" ("Licence and Agreement") firmada entre a emissora e o ministério responsável pelo setor (hoje é o Ministério do Patrimônio Nacional), que trata das questões legais. É esse documento, por exemplo, que proíbe a BBC de dar a sua própria opinião sobre a atualidade política ou sobre questões sociais e de receber recursos de publicidade ou de apoios comerciais. É por meio dessa licença que o governo tem os poderes legais para exercer formas de censura em determinados momentos.

A idéia de uma corporação pública para administrar os serviços de radio-difusão é resultado de um momento particular da história britânica. Durante a Primeira Guerra Mundial a gestão dos recursos essenciais como saúde, segurança, carvão e alimentos foi centralizada pelo governo. Isso criou uma geração de servidores públicos com grande experiência nessa forma de administração. Ao mesmo tempo o governo passou a adotar um papel mais intervencionista na economia. Uma das explicações para isso foi dada por Jambeiro (1994) e mencionada no capítulo inicial referindo-se à macropolítica internacional, cujos efeitos eram fortemente sentidos na Grã-Bretanha.

Seaton (1991) lembra que a BBC foi formada nesse período e recebeu influência direta desse clima. Diz ela que "o desenvolvimento da corporação pública foi determinado pela rejeição das forças políticas e de mercado em favor do crescimento planejado e controlado por especialistas". É uma idéia que marca o surgimento da BBC e permanece com ela até hoje, tornando-se recorrente a leitura em análises críticas e documentos oficiais de referências à independência dos "governos do dia" ou de "interesses comerciais".

Uma forte sustentação dada ao conceito de serviço público de radiodifusão foi formulada por Beveridge (1937), que chamou a atenção para os resultados obtidos durante a Primeira Guerra Mundial com a centralização dos serviços de previdência social e de racionamento de alimentos. Segundo ele, essa eficiência seria impossível num esquema de competição. Em 1934, Beveridge afirmava que

"numa economia de livre mercado os consumidores podem comprar só o que é oferecido para eles e aquilo que é oferecido não é necessariamente o mais vantajoso. É o que dá mais perspectivas de lucro para o produtor". A BBC seria então o instrumento para oferecer ao ouvinte aquilo que seus dirigentes julgassem ser o mais vantajoso para o público.

Desde sua fundação até hoje a BBC suscita a discussão em torno de sua identificação com os valores da classe média intelectualizada da Grã-Bretanha. Burns (1977) diz que

"a cultura da BBC, assim como o seu padrão da língua inglesa, não é uma peculiaridade dela mesma, mas de um ambiente intelectual composto de fora por valores, padrões e crenças de uma classe média intelectualizada, especialmente daquela parte educada em Oxford e Cambridge.(...) Um apelo para as camadas inferiores da sociedade é feito através de programas esportivos, de música popular ou de entretenimento, mas de uma maneira na qual o contexto e a apresentação lembrem a alta classe média...".

Paralelamente à emissão, pelo rádio, desse tipo de valores, havia também a convicção, na década de 1930, de que a audiência nacional era homogênea. Para isso a contribuição das duas grandes guerras foi decisiva. A primeira, como vimos, fornecendo elementos que justificavam o monopólio e o planejamento centralizado e, depois, a segunda reforçando a idéia de identidade nacional e cultural de todo o povo diante do inimigo comum.

Não era esse o espírito da década de 1930. As manifestações anarquistas e socialistas do período, com as denúncias das injustiças sociais internas à própria Grã-Bretanha, indicavam uma baixa probabilidade de adesão da classe trabalhadora à guerra. Seaton (1991) cita uma frase de um artigo de Kingsley Martin, publicada em 1º de setembro de 1939 na revista *New Statesman* que caracteriza bem esse clima. Diz ele: "Se você for para a guerra para salvar a democracia, você na verdade estará renunciando a ela e lutando pelos investimentos internacionais de nossas próprias classes capitalistas". A preocupação do governo com o que ficou definido como "moral pública" já estava presente na década de 1930 e vai intensificar-se durante a guerra. A BBC é inserida nesse esforço de unir a nação, na busca determinada para superar as barreiras impostas pelas diferenciações de classes sociais. Essa é a terceira fase da vida da corporação.

A GUERRA

A nação sabe da guerra pela BBC, mas, um mês depois de iniciado o conflito, o British Institute of Public Opinion informa que 35% da população está insatisfeita com a cobertura que o rádio faz da guerra e 10% afirma que nem ouve as transmissões. No inverno de 1939-40 outra pesquisa mostra que a população britânica não acredita na BBC. A explicação para isso é dada pela percepção que o público tinha da total submissão do rádio ao governo. Nos primeiros meses da guerra o *black-out* de informações era tão grande quanto o *black-out* das ruas. E as pressões oficiais se estendiam por toda a programação, chegando ao absurdo de elaborar uma lista proibindo a execução de músicas de oito compositores italianos e alemães, entre eles Monteverdi, morto em 1643.

O descrédito e o desinteresse do público levaram a uma reação da BBC. O governo sentiu que o esforço de guerra só teria o respaldo da população se o rádio conquistasse seus ouvintes e para isso ele deveria deixar de ser "solene, distante e enfadonho", na expressão de Seaton (1991). Não bastavam comunicados de guerra e apelos à participação popular. Era preciso oferecer uma programação que conquistasse os ouvintes antes de qualquer outra coisa. A baixa resistência civil à invasão da França pelos nazistas foi atribuída ao papel desempenhado pelo rádio alemão sobre o povo francês.

Essas evidências determinam mudanças radicais na BBC. Seu corpo de funcionários salta de quatro mil, em 1939, para onze mil em novembro de 1940. A programação muda, com a ampliação dos programas de entretenimento e de humor. Debates sobre filosofia, artes e ciência conquistam grandes audiências. A BBC deixa de ser uma tribuna de exortações ao patriotismo e à luta, tornando-se cada vez mais sensível ao gosto popular. Para isso são convocados intelectuais criativos que passam a conviver com administradores criados num ambiente conservador. Um desses intelectuais é George Orwell, locutor e produtor de programas emitidos para a Índia, que dizia na época que "a BBC estava a meio caminho entre uma escola de meninas e um asilo de lunáticos".

Mas o fator determinante dessas mudanças foi a derrota das tropas aliadas em Dunquerque, em 27 de maio de 1940, e a dramática retirada pelo canal da Mancha. Para resgatá-las foi improvisada uma ampla operação que trouxe de volta para a Grã-Bretanha, em três dias, 338 mil soldados britânicos, franceses, holandeses e belgas. Foram usados para isso trezentos navios de guerra e cerca de quatrocentos barcos civis de todos os tipos e tamanhos. Para muitos historiadores esse é o ponto-chave na mudança do moral britânico diante da guerra. A partir daí ela se torna uma realidade aceita pelo povo que passa a tentar sobreviver da melhor maneira possível. A contribuição do rádio para isso é fundamental. Dunquerque expõe também os erros do governo, formado por um grupo que Calder (1969) chamou de "a velha gangue de reacionários do pré-guerra". É nesse momento que certas posições progressistas começam a ganhar mais respaldo popular, apontando não só para uma vitória na guerra, mas para um período de paz posterior mais justo socialmente.

O crescimento da audiência da BBC é grande. Em 1941, 50% da população adulta ouvia o jornal "Nine O'clock News", que continua sendo apresentado até hoje com o mesmo nome na televisão. Isso é significativo para sustentar a idéia de que a identificação do público com a BBC durante a guerra rendeu frutos generosos para a emissora. A BBC saiu da guerra não só como um símbolo da vitória, mas com o *status* de uma participação ativa no conflito. Foi o momento, em toda a história da emissora, em que ela mais se identificou com as aspirações da nação.

As transformações operadas na programação, logo no início da guerra, tiveram reflexos imediatos junto ao público. Nos meses que antecederam a deflagração do conflito o governo tinha consciência do desânimo reinante, especialmente entre as camadas de renda mais baixa. Ao final de 1940 essa visão mudou radicalmente: o governo reconhecia a existência de uma população "segura, perspicaz e corajosa" (Seaton, 1991).

A imagem exaustivamente publicada por jornais e revistas de famílias reunidas em torno do rádio para ouvir as notícias da guerra é também emblemática para explicar essa identificação da população com a BBC. E a esse conteúdo o rádio juntava à palavra oficial do governo, não por secos comunicados oficiais, mas na palavra do próprio primeiro-ministro Winston Churchill. Ele conseguia combinar a apreciação prática dos problemas concretos criados pela guerra com uma retórica quase romântica, usando elementos históricos e apelando para a honra e o orgulho nacionais. Mas o mais importante é que ele conseguia mostrar que a vitória na guerra ia além dos objetivos militares, focalizando sua atenção na construção de um novo mundo que seria construído depois, adotando algumas das bandeiras da oposição.

É também significativo o apelo à unidade nacional demonstrado logo no seu primeiro discurso ao Parlamento como primeiro-ministro, em 25 de maio de 1940, seis dias após sua posse:

"Eu não tenho nada a oferecer, além de sangue, trabalho, suor e lágrimas. Eu falo para vocês pela primeira vez como primeiro-ministro, numa hora solene para a vida do nosso país, do nosso império, dos nossos aliados e, acima de tudo, da causa da liberdade... Eu formei uma administração de homens e mulheres de todos os partidos e de quase todos os pontos de vista. Nós tivemos diferenças e disputas no passado, mas agora um compromisso une todos nós: fazer a guerra até a vitória. Jamais nos renderemos à servidão e à vergonha, qualquer que seja o custo e a dor... a longa noite da barbárie poderá descer, a menos que nós vençamos... nós temos que vencer... nós venceremos...".[5]

Esse tipo de discurso, ao mesmo tempo realista e dramático, revela um dos três fatores que explicam a popularidade alcançada pela BBC durante a guerra. Os outros dois são a já mencionada diversificação da programação e a produção de um noticiário que não era apenas constituído de boletins oficiais ou de propaganda militar. O terceiro fator distingue a BBC do rádio alemão. Ambos viam as notícias como armas de guerra, mas a corporação inglesa não havia perdido a sua condição de "serviço público monopolista", operando num ambiente democrático, mesmo estando obrigada a atender à censura imposta ao noticiário pelo governo.

Durante as comemorações dos cinqüenta anos da vitória na guerra, na Europa, em 1995, a BBC apresentou um documentário sobre a sua atuação no conflito chamado "What Did You Do In the War Auntie?" onde, num momento de autocrítica é apresentado o depoimento de um repórter, Frank Gillard (86 anos em 1995), que foi impedido de transmitir seu relato sobre o frustrado ataque dos Aliados à cidade de Dieppe, na França, em agosto de 1942. Nesse episódio, considerado como um dos maiores desastres militares da história moderna, dos 5 mil homens enviados para o combate, pouco mais de mil voltaram para a Grã-Bretanha. Gillard diz no documentário que viu referências na literatura da BBC sobre a sua "memorável reportagem", que, para ele, é uma lembrança vergonhosa. "O mar estava vermelho de sangue e seu uniforme empastado com o sangue dos que tentavam sair da água, mas os censores militares só permitiram que ele descrevesse a batalha aérea sobre a cidade francesa".

Mas, por outro lado, a BBC continuava sensível às pressões no sentido de produzir o mais amplo noticiário possível. Essas pressões vinham tanto da sociedade, por meio da oposição e dos sindicatos, como do próprio corpo de funcionários que se viam, antes de mais nada, como radialistas e não como agentes do governo ou propagandistas militares. A democracia britânica continuava garantindo os direitos civis dos seus cidadãos, apesar da guerra.

O mesmo documentário, apresentado durante a fase de comemorações da vitória dos Aliados na Europa, na Segunda Guerra Mundial, revelou sutilmente como a corporação se portou durante esse período: setores do governo

---

5. Trechos dos mais importantes pronunciamentos de Churchill feitos pelo rádio foram publicados no livro *What did you do on the war, Auntie?*, de Tom Hickman, lançado pela BBC, em 1995, durante as comemorações dos cinqüenta anos da vitória da guerra na Europa.

consideravam a emissora "um inimigo dentro de casa, enquanto o primeiro-ministro Winston Churchill chamava a BBC de 'exemplo de neutralidade'", com toda a carga crítica que tal expressão carrega, levando-se em conta o momento em que ela foi dita.

Nesse processo, muitas vezes delicado, a BBC conseguia conquistar a simpatia da população ao tornar-se praticamente a única forma de contato direto entre os soldados na frente de batalha e suas famílias. Ou entre as crianças evacuadas de Londres para o exterior e os seus pais na Inglaterra. A audiência e a emoção dos ouvintes diante desse tipo de transmissão eram grandes, como mostram entrevistas publicadas na época e citadas por Briggs (1961). Esse toque emocional era o que faltava para estabelecer uma profunda identidade do público com a BBC. A ele se agregam a intimidade trazida principalmente pelos programas de humor e de auditório e a credibilidade dada pelo noticiário, que era o mais amplo possível, dentro das circunstâncias da guerra. "Minha mãe até hoje só tem certeza absoluta de que um fato aconteceu depois de ele ter sido noticiado pela BBC", contou a jornalista Sue Brendford, do Serviço Mundial da BBC, em conversa com o autor em abril de 1995. É esse tipo de relação que ajuda a entender por que a BBC ainda é tratada afetuosamente como "a tia" por setores da imprensa e parte do público britânico.

O DUOPÓLIO

A quarta fase da história da BBC começa em 1954, com a criação do primeiro canal independente de televisão, operado pela ITV e financiado pela propaganda. Burns (1977) vai dizer que "a televisão comercial, quando chegou, destruiu não só o monopólio da BBC, em termos políticos e econômicos, mas também o seu relacionamento especial com a nação". Até então, a palavra final sobre *broadcasting* na Grã-Bretanha, era dada exclusivamente pela BBC. Com a ITV no ar o público passou a estabelecer comparações e os produtores passaram a ter novas oportunidades de emprego, deixando de depender exclusivamente de um só empregador.

Além disso, dois outros fatos da década de 1950 contribuíram para as mudanças do modelo: a desagregação da audiência nacional do rádio, com o crescimento do número de emissoras locais da própria BBC, e a consolidação da televisão como serviço nacional. Esses três fatores colaboraram para acabar com o mito da audiência hegemônica nacional observado na década de 1930. O aumento das horas de programação e a consolidação dos programas de entretenimento e humor surgidos durante a guerra mostraram que havia um público com gostos variados, que precisava ser atendido. Era o começo de uma fragmentação da audiência que vai ter um redobrado impulso com as novas tecnologias de comunicação das décadas de 1980 e 1990. "A BBC sobreviveu às pressões da década de 1950 mudando e se adequando às novas demandas da sociedade", como observou Burns (1977). A partir daí ela passou a conviver com a ITV dentro do que foi chamado posteriormente de um confortável duopólio, já descrito com detalhes no Capítulo 3.

A BBC sobrevive também nesse novo contexto. A presença temida de uma concorrente no início da década de 1950 acaba sendo fator de estímulo e renovação. Sua relação com a televisão independente é sutil e complexa. A competição entre as duas organizações é, a um só tempo, acirrada e circunscrita. Como não há disputa de mercado publicitário que, como vimos é monopólio das concessionárias da ITV, a concorrência se dá entre produtores que lutam pela aprovação da crítica, pelo apoio do público e por manter alta sua reputação profissional. Os dois serviços buscam sempre estar em torno dos 50% de audiência cada um. Quando isso não ocorre, o "alarme soa". No fim da década de 1950 e começo da de 1980, a BBC ficou algum tempo abaixo dessa metade da audiência, o mesmo ocorrendo com a ITV em 1987. Nesse momento os órgãos reguladores, como a atual ITC, entram em ação, estimulando o retorno ao equilíbrio (Nossiter, 1991). Esse é o limite da competição acirrada. Normas reguladoras estabeleciam na década de 1980, por exemplo, que no começo da noite a BBC deveria ter programas infantis e a ITV jornalismo. Isso para impedir que a competição por audiência ultrapassasse os limites do serviço público.[6]

Na década de 1980 novas pressões vão surgir. Dessa vez, no entanto, elas são mais vigorosas. Além dos sempre presentes apelos dos setores vinculados à indústria da comunicação e dos seus aliados políticos para que a BBC passe a aceitar propaganda, há a multiplicação de novas ofertas de serviços. As pressões políticas e comerciais têm agora um forte respaldo tecnológico.

E isso ocorre, quase ao mesmo tempo, em toda a Europa ocidental, com o aceleramento das transformações institucionais do *broadcasting* em diversos países. Pettey e Romano (1993) dizem que "os anos 80 viram as maiores

---

6. Na semana de 21 a 28 de maio de 1995, a diferença entre a soma das audiências das duas emissoras da BBC e dos dois canais independentes era de 2,5% a favor destes últimos. Os dados da BARB, publicados pelo *The Guardian* em 12 de junho de 1995, eram os seguintes:

BBC 1	33.1		
BBC 2	11.4	Total BBC	44.5
ITV	35.4		
Channel 4	11.6	Total Indep.	47.0
Sat./Cabo	8.5		

Num intervalo de dez anos, pode-se perceber com mais clareza que o equilíbrio geral se mantém, exceção feita ao significativo crescimento de audiência do canal 4:

	1984	1994
BBC 1	35,5	31,5
BBC 2	9,9	9,9
Total BBC	45,4	41,4
ITV	45,8	40,8
C4	5,6	11,0
Total Indep.	54,6	51,8

Fonte: Media Guardian — The Media Decade. *The Guardian*, Londres, 20.6.1994.

mudanças no *broadcasting* europeu (...) com o surgimento de novos canais, a maioria fora do serviço público (...) e com uma elevação média do número de horas de transmissão que, entre 1980 e 1987, chegou a 125%".

A CONCORRÊNCIA AMPLIADA

Embora mais lenta do que a França ou a Espanha, por exemplo, a Grã-Bretanha também acabou aderindo às transformações. Pode-se afirmar que na década de 1980 o país entra na quinta fase do seu modelo de *broadcasting*, o da concorrência ampliada. Tunstal e Palmer (1991) apontam oito características centrais dessa nova fase:

1. substancial número de canais competindo por audiência;
2. competição por propaganda;
3. competição agressiva entre programas;
4. declínio de programas sérios no horário nobre;
5. competição por talentos, com salários de "estrelas";
6. aumento na importação de programas;
7. aumento das horas de programação, chegando a 24 horas por dia;
8. aumento do número de séries diárias, como novela.

É nesse quadro que o governo conservador da primeira-ministra Margareth Thatcher inicia nova investida para tentar introduzir mecanismos comerciais no funcionamento da BBC. O primeiro passo foi a constituição da comissão presidida pelo "economista liberal" Alan Peacock com o objetivo de "analisar a possibilidade de mudança ou suplementação da fonte de financiamento da BBC, a licença paga pelos telespectadores, por formas de propaganda ou apoio comercial" (Nossiter, 1991). As conclusões foram opostas às esperadas pelo governo: a comissão concluiu pela necessidade da manutenção da licença paga pelos telespectadores como forma única de financiamento da BBC. Esse relatório está na origem do "White Paper" publicado pelo governo em 1988 e do Broadcast Act de 1990, que tratam prioritariamente das novas normas de funcionamento das emissoras comerciais. A BBC é preservada da publicidade, mas estimulada a diversificar outras áreas passíveis de comercialização, como as programações internacionais via satélite.

Em 1992 o governo voltou a manifestar-se publicamente a respeito da BBC, já tendo em vista o debate relacionado com a renovação de sua carta prevista para 1996. No documento "The Future of the BBC: a Consultation Document", o governo ressalta o alto padrão e a competência da corporação, "reconhecidos internacionalmente", mas diz que o *broadcasting* mudou muito desde a emissão da última Carta, em 1981, e aponta a necessidade de mudanças. Diz que o serviço público de rádio e televisão deve tornar-se responsabilidade de um novo "Public Service Broadcasting Council".

73

Ele questiona também o fato de a BBC manter um leque variado de programas, perguntando se não seria melhor que ela atuasse apenas nas áreas em que as outras emissoras não têm interesse ou recursos para trabalhar. Indaga, uma vez mais, se a licença paga pelos telespectadores deve continuar sendo a principal fonte de financiamento da BBC, apontando a necessidade de serem considerados outros caminhos, como a propaganda, o apoio comercial, a taxação ou a subscrição. No entanto, acrescenta, "apesar de ser um despropósito, ainda não se encontrou nada melhor do que a licença paga pelos telespectadores para financiar o serviço público". Mas diz também que "qualquer que seja a forma de financiamento, a BBC precisa justificá-lo e demonstrar o que faz com o dinheiro", sugerindo a contratação de serviços externos e a "mudança para fora de Londres, onde tudo é mais barato" (Department of National Heritage, 1992).

No mesmo ano, dando seqüência ao debate, a BBC publicou o documento "Extending Choice: the BBC's Role in the New Broadcasting Age". Nele estão sintetizados os resultados de dezoito meses de revisão e análise do papel da BBC e dos serviços que ela presta ao público. A crítica interna é feita a partir da indagação sobre a própria necessidade da existência desse tipo de serviço público num mercado em rápida expansão. Pergunta-se também sobre os tipos de programas que a BBC deveria produzir para satisfazer às expectativas do público, como deveria ser financiada, que tipo de papel deveria desempenhar no mercado internacional etc.

Há uma extensa argumentação para sustentar cada uma das respostas, com freqüentes comparações com outros sistemas europeus, com os Estados Unidos, a Austrália e o Japão. Um dos dados apresentados mostra que a permanência de horas/semana dos ingleses junto ao rádio ou à televisão é superior ao tempo despendido nos demais países da Europa.

Comparação Internacional de Consumo de *Broadcasting* (Horas por pessoa, por semana — Televisão e Rádio)	
Reino Unido	40
Alemanha	37
França	37
Holanda	35
Espanha	35
Itália	33
Suíça	32
Áustria	30

Fonte: GEAR Euro-Factbook, 1991.

Mostra também as mudanças no financiamento dos serviços de televisão na Grã-Bretanha e suas perspectivas até o final do século, revelando um crescimento relativo da propaganda e da assinatura e uma queda da licença paga pelos telespectadores.

Mudanças nos Tipos de Receita da Indústria do *Broadcasting* (em percentagem)				
Ano	Assinatura	Propaganda	Licença	US$ em bilhões
1988	2	57	41	4,8
1992*	12	49	39	5,6
1996**	29	42	40	8,0
2000**	35	40	25	9,6

* estimativa   ** previsão
Fonte: BBC Policy and Planning Unit.

Esses são apenas dois exemplos do questionamento interno realizado pela corporação para a formulação de propostas de atuação "na nova era do *broadcasting*". São definidas para isso quatro áreas principais: jornalismo, com ampliação do raio de alcance dos noticiários, incremento nos programas de análises e investigação e estímulo às coberturas local e regional; entretenimento, com inovações nas produções teatrais, na comédia, nas coberturas de eventos artísticos e esportivos e na realização de programas dedicados às crianças e aos jovens; cultura, com programação especializada e generalista cobrindo as áreas de ciência e história natural, história política e social, religião, moral e ética; comunicação internacional ligando o Reino Unido ao mundo pelo World News Service, desenvolvimento do World News Television, aumento do envolvimento no mercado internacional para a venda de programas e a realização de co-produções, além de programas que mostrem o mundo para o público britânico.

Essa foi a contribuição da BBC para o debate em torno da renovação de sua licença. O documento público seguinte já foi o "White Paper" encaminhando para o Parlamento a proposta do governo. Há concordância com a renovação da Carta, mas são propostos novos rumos para a corporação. O título do texto é significativo: "The Future of the BBC — Serving the Nation, Competing World-Wide" (BBC, 1992). Ou seja, a BBC passa a ter um duplo papel, presta um serviço público de rádio e televisão para o país e, ao mesmo tempo, compete no mercado internacional. Trata-se de uma vitória da direção da BBC, uma vez que na proposta do governo estão incorporadas várias sugestões e análises que aparecem no documento da corporação, antes mencionado.

Muitos analistas da mídia inglesa apontam a renovação da Carta como uma vitória pessoal do diretor geral da BBC, John Birt. Ele foi conduzido ao cargo em 1992 e implantou uma política radical de corte de gastos e aumento de produtividade. Isso fez com que, depois de dois anos, conseguisse, de um lado, o apoio do governo para o seu projeto, mas, de outro, uma avalanche de críticas vindas especialmente do corpo de produtores das emissoras de rádio e de televisão.

A aparência interna da BBC, segundo a visão de um analista do jornal *The Guardian*,[7] é semelhante à de uma companhia de seguros ou de uma repartição pública encarregada de supervisionar os serviços de saúde: asséptica e carente de imaginação. É esse o modelo que o diretor geral impôs à corporação, o que acabou provocando grande descontentamento entre os produtores.

"Sem exceção, eles dizem que em toda a história da BBC não houve um momento de ânimo tão baixo entre os responsáveis pela produção de programas; que os congelamentos orçamentários reduziram o horizonte dos programas; que os funcionários estão sempre sob ameaça de dispensa ou de serem removidos de Londres em função da política de regionalização; e que os objetivos da nova cultura da BBC, uma mistura doentia da economia thatcheriana com atitudes politicamente corretas, causam uma irritação geral. Em síntese, há uma perigosíssima divisão entre os objetivos dos administradores e as aspirações dos produtores".

Foi criado um sistema de "mercado interno" no qual produtores são forçados a concorrer entre si na busca de programas que sejam produzidos com os custos mais baixos possíveis, mas com alto padrão de qualidade. Os programadores estão autorizados, inclusive, a comprar programas de produtoras independentes, caso entendam que aqueles produzidos internamente não estejam dentro dos padrões de custo e qualidade estabelecidos pela BBC. Esse é o lado thatcheriano da questão. A ênfase em atitudes politicamente corretas está na observância rigorosa da regionalização da programação, da representação racial sem discriminações e na igualdade de oportunidades.

A respeito da política de regionalização, conhecida internamente como de "proporcionalidade", há desvios significativos. Henry Porter (1995) mostra que para atender a esse critério equipes de produtores e apresentadores são deslocadas de Londres para outras grandes cidades, como Manchester, apenas para produzir programas que poderiam ser perfeitamente realizados na capital do país, a custos mais baixos e sem nenhum desvio metropolitano.

A atenção maior da atual direção tem sido dada mais para as técnicas de gerência do que para a qualidade da programação. Isso leva a situações como a do pagamento de aproximadamente US$ 32 milhões para cursos e assessorias gerenciais quando, ao mesmo tempo, soma semelhante é cortada dos departamentos de Documentários, Música e Artes. Um ex-diretor do BBC World Service, John Tusa, disse que "na cultura administrativa onde só os números contam, aquilo que não é contável torna-se não só insignificante, como ilegítimo".

A preponderância dos administradores sobre os produtores é quase absoluta no momento atual da BBC. Apesar das manifestações internas veladas de descontentamento e de algumas declarações públicas de ex-diretores ou de ex-funcionários contra a atual política implantada na corporação, na televisão não há indícios de queda de audiência. Mas no rádio isso já vem ocorrendo, com o crescimento do público que ouve as emissoras comerciais. O temor, na

---

7. The Media Guardian, *The Guardian*, Londres, 19.6.1995.

BBC, é a ampliação da concorrência com o crescimento da audiência do canal 4, do lançamento do canal 5 e da expansão dos serviços de cabo e satélite. Se o moral do corpo de funcionários permanecer nos níveis aqui relatados, haverá sérias dificuldades para enfrentar essa nova situação.

O "White Paper" que propôs a renovação da Carta, ainda que destaque a qualidade da programação da BBC, dá mais ênfase às questões referentes à administração. Seus principais pontos são os seguintes:
1) Renovação da Carta por dez anos, a partir de 1997.
2) Manutenção da licença paga pelos telespectadores como forma de financiamento do serviço público, pelo menos até 2001.
3) Manutenção de todos os seus serviços de rádio e TV.
4) Incentivo a futuras atividades comerciais.
5) Possibilidade de privatização dos serviços de transmissão.

Estão apontados aí os rumos da BBC para a entrada no novo século. A corporação, com apoio do governo, procura adaptar-se às imposições do mercado, tentando ao mesmo tempo resguardar suas características de serviço público. Mais uma vez a corporação está sob fogo cerrado. Agora não se trata mais de discutir sua imparcialidade ou o seu esforço de unir a nação diante do inimigo comum. O final do século traz desafios comerciais e tecnológicos que implicam um debate em torno da sobrevivência da corporação. A nova Carta aponta nessa direção, mas estabelece prazos mais estreitos para revisão da licença paga pelos telespectadores, o que deve manter essa questão em permanente debate pelo menos até o final do século.

A INDEPENDÊNCIA EM QUESTÃO

O momento da renovação da Carta é significativo para mostrar como é tênue a linha que separa o governo da BBC. Ela se desdobra do campo administrativo para o campo político. Há duas situações exemplares que serviram, entre outras, para avaliar o grau de independência da corporação: uma no começo da história e outra atual que ajudam a entender melhor essa delicada relação. Em 1926, uma greve geral parou a Grã-Bretanha do dia 3 ao dia 12 de maio: foi o primeiro teste de imparcialidade da BBC. Winston Churchill, que era na época o que no Brasil corresponde ao ministro da Fazenda, queria fazer da BBC um agente do governo. Para isso havia instrumentos legais à disposição das autoridades. No entanto Reith resistiu, reconhecendo que aquele era um momento decisivo para o futuro da emissora.

Das análises sobre o episódio pode-se concluir que a BBC conseguiu manter um grande equilíbrio no noticiário. De um lado o governo proibia entrevistas com dirigentes sindicais, de outro ela podia, pela primeira vez, produzir suas notícias e fazia isso com a máxima isenção possível. No dia 4 de maio, por exemplo, chegou a abrir um boletim com uma nota oficial da TUC (Trade Union Congress), a Central Única dos Trabalhadores britânicos, informando o andamento da greve e o crescimento das adesões. Nem por isso a central sindical deixou de pedir aos seus membros que não dessem crédito ao noticiário da BBC, chamando-a, em alguns momentos, de BFC (British Falsehood Corporation). De outro lado, a irritação do ministro Winston Churchill com a emissora acabava conferindo um atestado de imparcialidade. Mas do ponto de vista da audiência geral, a greve foi o fator decisivo para a consolidação do novo veículo. O rádio, naquele momento, era a única fonte de informação na Grã-Bretanha, se excetuarmos a *British Gazette*, que panfleteava as idéias de Churchill contra a greve, e os boletins da Central Sindical. Como havia só 2 milhões de aparelhos licenciados no país, muitos deles se transformaram em transmissores coletivos, reunindo seus ouvintes em lojas, praças e centros comunitários. Foi também a oportunidade que a BBC teve de romper com a restrição imposta pelos jornais, passando a produzir as suas próprias notícias.

"Público e ouvintes são agora quase sinônimos", escreveu Hilda Matheson, no final da greve, reconhecendo a nova dimensão alcançada pelo rádio. A BBC saiu da greve com audiência nacional e com a ampliação de sua credibilidade, baseada na ética da imparcialidade. Em 1950, um trabalhador aposentado que participou da greve geral disse para Julian Synons que ainda tinha guardado "um pequeno aparelho de rádio feito em casa que funcionava muito bem com as molas de uma cama no lugar da antena... e que me dizia (durante a greve) tudo o que realmente estava acontecendo".[8]

Mas há análises menos favoráveis à idéia de imparcialidade. Hood e O'Leary (1990) dizem que "o papel da BBC durante a greve geral passou para a mitologia do *broadcasting*. O modo como aquele papel foi desempenhado é freqüentemente citado pela BBC como uma demonstração de independência. Outra leitura da história vê os eventos de 1926 como um caso exemplar de cumplicidade com o poder central do Estado. Essa visão é corroborada por uma passagem do diário de Reith, onde ele afirma que o governo podia manter uma imagem pública de isenção em relação à BBC porque eles confiavam em nós, "já que não eramos realmente imparciais". Esta cumplicidade faz lembrar um importante — e talvez inevitável — aspecto do serviço público de *broadcasting*: a dificuldade de imaginá-lo como uma instituição funcionando sob licença do governo, podendo ser uma adversária ou até mesmo uma crítica radical desse mesmo governo.

O outro episódio é de 1995. No dia 26 de março os jornais abriram grandes espaços para a revolta do ministro-chefe do Tesouro, Jonathan Aitken, que criticava duramente o jornalista da BBC, John Humphrys, e a própria emissora, pelo tratamento dado ao ministro da Fazenda, Kenneth Clarke, durante entrevista concedida no dia 10 de fevereiro. Aitken denunciou a entrevista como partidária, com Humphrys "interrompendo o ministro 32 vezes".[9] Outros membros do governo e deputados conservadores passaram a se referir

---

8. As duas citações deste parágrafo aparecem tanto no livro de Briggs, publicado em 1961, como no artigo de Jean Seaton, publicado em 1991. Ambos constam das referências bibliográficas deste capítulo.
9. *The Independent on Sunday*, Londres, 26.3.1995.

à BBC, naqueles dias, como BBB, Blair British Broadcasting, numa alusão ao líder do Partido Trabalhista, Toni Blair.

Alguns dias depois era a oposição que denunciava a BBC por parcialidade. O programa jornalístico *Panorama* iria ao ar numa segunda-feira, véspera das eleições regionais na Escócia, com uma longa entrevista do primeiro-ministro John Major. Os três partidos de oposição, que atuam naquele país, foram à justiça e conseguiram suspender a transmissão, acusando a BBC de "fugir dos padrões de imparcialidade e equilíbrio no momento que antecede as eleições locais".[10]

Esses tipos de problemas são constantes na história da BBC e são também inerentes à sua característica de serviço público baseado no princípio da "independência do governo do dia". A emissora trabalha sempre em situação de precário equilíbrio, podendo ser, em determinados momentos, puxada para um lado ou para outro. O que é importante ressaltar, a partir desses fatos, é que quando desvios são percebidos, as manifestações públicas ocorrem rápida e vigorosamente, impondo respostas ou mesmo reformulações de conduta da BBC. Nos casos acima descritos, ocorridos em 1995, ficou a impressão, para o observador externo, de que a BBC, pressionada publicamente pelos conservadores, após a entrevista do ministro Kenneth Clarke, tentou compensar colocando o programa *Panorama*, com John Major, na véspera das eleições locais.

É importante notar também que esses problemas ocorrem num momento bem distinto da greve de 1926, quando a BBC atuava usando a "força bruta do monopólio", nas palavras de Reith. Agora ela disputa audiência, não só com os canais terrestres financiados pela propaganda, mas com as emissoras que transmitem via cabo e satélite. Há um forte e competente serviço de telejornalismo concorrendo com a BBC: é a ITN (Independent Television News) que transmite por emissoras da ITV.

CONCLUSÕES

Este capítulo procurou relatar um pouco da história da BBC à luz dos princípios que norteiam o serviço público de rádio e televisão na Grã-Bretanha. Para ilustrar esse relato foram destacados alguns fatos considerados relevantes para caracterizar o perfil da corporação. Por meio deles foi possível perceber uma outra peculiaridade do serviço público de *broadcasting*: sua inter-relação constante com a sociedade, num processo dinâmico e permanente de crítica e revisão.

As tensões entre a BBC e o governo aqui exemplificadas são a síntese das ambigüidades e dos privilégios dos sistemas públicos de rádio e televisão. Elas revelam, em todos os momentos do processo histórico, as ambições e os limites existentes para o seu funcionamento. São ideais de um serviço independente dos governos, balizados exclusivamente pelo interesse público que

---

10. *The Guardian*, Londres, 4.4.1995.

se limitam com forças políticas e econômicas capazes de, em muitos momentos, impor suas determinações e vontades.

O caso da BBC é paradigmático. O fato de ela depender exclusivamente da licença paga pelos telespectadores a torna única em todo o mundo. Isso a aproxima muito do "tipo ideal" criado a partir dos princípios que norteiam o serviço público de *broadcasting*. Quanto mais um serviço depender de verbas públicas geridas pelos governos ou de recursos advindos da propaganda, mais distante ele fica do "tipo ideal".

A primeira mudança importante na história da BBC, a sua transformação em corporação pública, revela uma tomada de decisão crucial e, no seu caso, definitiva: a opção pelo sistema público em detrimento do comercial. Fosse outra a decisão tomada, a história do rádio e da televisão no mundo teria sido fortemente empobrecida.

A guerra — por mais cruel que isso possa parecer — foi benéfica para a BBC. O rádio teve que ousar, criando uma nova programação capaz de tornar o público cúmplice da emissora e, ao mesmo tempo, sensível às mensagens relacionadas com as imposições determinadas pela guerra. Com isso a BBC conseguiu forjar uma imagem positiva, dentro e fora da Grã-Bretanha, marcada por dois fatores: a qualidade da programação e a defesa da democracia.

A televisão, sem essa aura trazida da guerra, logo vai enfrentar a concorrência da primeira emissora independente. Mas como é uma competição por qualidade e não por fontes de financiamento, a disputa acaba dando um novo impulso criativo à produção da BBC. O abalo mais forte é o da década de 1980, com as pressões políticas e tecnológicas influindo nos rumos da corporação. Há uma nova readaptação buscando a sobrevivência que conduz as reformas internas da década de 1990, coerentes com as políticas conservadoras de eficiência, medidas mais pela contabilização de resultados do que por dados de qualidade não-mensuráveis.

Os fatos aqui relatados permitem afirmar que enquanto os princípios básicos do *broadcasting* público permanecerem como parte do patrimônio cultural britânico, haverá forte resistência a qualquer mudança mais profunda na estrutura institucional da BBC.

REFERÊNCIAS BIBLIOGRÁFICAS

BARENDT, Eric (1993) *Broadcasting Law: A Comparative Study* — Capítulo 2 — Oxford University Press: Oxford/New York.

BARNETT, Steven e DOCHERTY, David (1991) "Purity or Pragmatism: A Cross-Culture on Public Service Broadcasting". *In* BLUMER, Jay G. e NOSSITER, T. J. *Broadcasting Finance in Transition*. Oxford University Press: Oxford/New York. pp. 23-37.

BEVERIDGE, William (1937) *Constructive Democracy*. Londres: Allen e Unwin, citado em Seaton, Jean (1991) op. cit.

BROADCASTING Research Unit (1986) The Public Service Idea in British Broadcasting — Main Principles Londres: BBC/British Research Unit.

BRIGGS, Asa (1961) *The History of Broadcasting in the United Kingdom.* Vol. 1, The Birth of Broadcasting. Oxford University Press: Oxford/Nova York.

——————— (1985) *The BBC: the First Fifty Years.* Oxford University Press: Oxford/Nova York, p. 53.

BURNS, T. (1977) *The BBC: Public Institution and Private World: Studies in Cultural History.* Londres: British Film Institute, pp. 443.

CALDER, A. (1969) *The People's War: Britain 1939-45.* Londres: Cape, citado in SEATON, Jean, op. cit.

CRAWFORD Committee (1926) *Report of the Broadcasting Committee.* Londres: HMSO.

DEPARTMENT of National Heritage (1992) *The Future of BBC: A Consultation Document.* Londres: HMSO.

HOOD, Stuart e O'LEARY, Garret. (1990) *Questions of Broadcasting.* Londres: Mathuen,p. 6.

JAMBEIRO, Othon (1994) *Tendencies on Television.* Londres: n/p.

LEAL FILHO, Laurindo (1988) *Atrás das câmeras.* São Paulo: Summus.

NOSSITER, T. J. (1991) "British Television: A Mixed Economy". *In* BLUMER, Jay G. e NOSSITER, T. J. *Broadcasting Finance in Transition.* Oxford/Nova York: Oxford University Press, pp. 95-143.

PORTER, Henry (1995) "London stops calling" e "Corporate punishment". *In Media Guardian.* Londres: *The Guardian,* 12.6 e 19.6.1995, respectivamente.

PETTEY, Julian e ROMANO, Gabriela (1993) "After the Deluge, Public Service Television in Western Europe". *In* DOWMUNT, Tony. *Channels of Resistance: Global Television and Local Epowerment.* Londres: British Film Institute/Channel Four.

REITH, J. C. W. (1949) "Into the Wind". *In* BRIGGS, Asa (1985), Londres: Hodd e Stoughton, op. cit.

SAMPAIO, Mario Ferraz (1984) *Historia do rádio e da televisão no Brasil e no mundo.* Rio de Janeiro: Achiamé.

SEATON, Jean (1991) "Broadcasting History". *In* CURRAN, James e SEATON, Jean *Power Without Responsibility — The Press and Broadcasting in Britain.* Londres: Routledge. pp. 129-150.

TAYLOR, A. J. P. (1965) "English History 1914-1945". *In* SEATON, Jean, op. cit.

TUNSTAL, Jeremy e PALMER, Michael (1991) *The Media Moguls.* Londres: Routledge. p. 43.

CONCLUSÃO

O projeto inicial deste livro, concebido no Brasil, tinha implícita a idéia de que seu resultado seria uma fotografia atualizada do modelo britânico de rádio e televisão. No entanto, logo no início do trabalho ficou claro que isso seria impossível. São tão grandes as transformações em andamento que o resultado assemelhou-se mais a um filme inacabado.

Não poderia ter havido melhor momento para esta visita ao *broadcasting* britânico. O modelo, consagrado internacionalmente por sua qualidade e busca de isenção, recebeu na década de 1980 as maiores pressões de sua história, forçado a se adaptar às políticas liberalizantes oficiais e à implantação das novas tecnologias de comunicação.

A primeira metade da década de 1990 foi marcada por tentativas de adaptar o antigo sistema às novas circunstâncias políticas e tecnológicas e, ao mesmo tempo, buscar uma conciliação entre as novas possibilidades de transmissão de sons e imagens e os padrões consagrados de qualidade e de compromisso público. O resultado é um jogo de pressões e contrapressões que tentam levar o rádio e a televisão para uma ou outra direção.

Foi nesse momento de redefinições do modelo do *broadcasting* britânico que a busca de informações teve início. Os dados históricos que balizariam o trabalho, segundo o projeto inicial, tiveram de ser coletados simultaneamente com os dados atuais, publicados quase diariamente nos jornais, debatidos no Parlamento e, muitas vezes, veiculados pelas próprias emissoras de rádio e de televisão.

A tarefa tornou-se ao mesmo tempo mais trabalhosa e fascinante. Foi um privilégio ter contato com um sistema de *broadcasting* de alto nível, instalado não num pedestal para contemplação, mas jogado na arena de grandes interesses políticos e econômicos.

O trabalho chegou ao seu final com quatro grandes conclusões que a um só tempo dão a ele um caráter final e propõem novas investigações. A primeira mostra que hoje não existe mais uma hegemonia do setor público, representado, *strictu senso*, pela BBC. Foi uma supremacia que se manteve mesmo depois do advento da televisão independente, mas que perdeu força na década de 1980 com a implantação do canal 4. Continuou caindo com a proliferação das emissoras de televisão via cabo e satélite e praticamente terminou, na década de 1990, com a abertura do rádio comercial e com a perspectiva do surgimento do canal 5. O que fica claro, nessa nova situação, é que os setores público e privado passam a atuar de forma complementar, com a tendência de crescimento deste último sob controle público.

A segunda constatação é que não há na Grã-Bretanha um sistema comercial "puro", tal como estamos acostumados a conhecer no Brasil. Essa revelação só surge quando se analisa mais detalhadamente os documentos oficiais, que revelam com clareza os limites públicos impostos ao sistema independente. Trata-se de um sistema de televisão comercial controlada, cujos referenciais de programação não são apenas os números da audiência, mas também os fatores determinados por preceitos éticos, inseridos numa cultura específica. Um outro sistema de pressões e contrapressões está aí presente, influindo na programação das emissoras, públicas e independentes, para atender aos anseios dos mais diversos segmentos da população. É esse sistema que permite que públicos minoritários tenham seus interesses atendidos e que valores conservadores, fortemente arraigados na sociedade, convivam com modelos novos de comportamento social.

A terceira conclusão é que o rádio e a televisão fazem parte de um conjunto maior de relações que formam o mercado único da mídia britânica. Para entendê-lo é preciso entrar no emaranhado de interesses que se ramifica internacionalmente, formando redes que se espalham por todo o mundo e só encontram barreiras na legislação de propriedade dos meios de comunicação da Grã-Bretanha, como ficou demonstrado ao longo do livro. Neste ponto, uma das revelações mais significativas foi a discussão no Parlamento das novas regras que, para permitir compras e fusões na mídia, não levarão mais em conta apenas a quantidade de ações que cada proprietário tenha em determinado veículo, mas o volume total de público que ele atinge (sejam leitores, ouvintes ou telespectadores), com o objetivo de evitar qualquer risco de quebra no princípio democrático da pluralidade da informação.

E a conclusão final mostra que o modelo público, mesmo submetido a pressões contrárias cada vez mais fortes, consegue sobreviver em toda a Europa ocidental. No caso britânico há um forte componente histórico-cultural a sustentá-lo. A BBC é patrimônio da nação e sinônimo de credibilidade. Para manter essa posição ela tem até hoje, como referência, os princípios básicos do rádio como serviço público, formulados na segunda década deste século. Mas ao mesmo tempo trava uma batalha constante por sua sobrevivência, procurando ir além da "licença paga pelos telespectadores e radiouvintes", ao entrar no mercado internacional da mídia. E mais, promove uma reforma administrativa que incorpora no seu interior técnicas de mercado provocando disputas internas nunca vistas ao longo de sua história. É um processo em andamento, de conseqüências imprevisíveis, que tanto pode servir para consolidar o modelo público, no novo cenário da mídia britânica, como empurrá-lo para a arena comercial.

84

No entanto, enquanto permanecer inabalável a idéia de que o rádio e a televisão são, acima de tudo, serviços públicos, pode-se ter certeza de que os produtos, não apenas da BBC, mas de todo o *broadcasting* britânico continuarão como referência internacional de alta qualidade.

APÊNDICE

A PESQUISA

Este livro é resultado de uma pesquisa realizada na Grã-Bretanha em nível de pós-doutorado. Esta parte que começa aqui conta a história desse trabalho, destacando a metodologia adotada para desenvolvê-lo, sem a qual o autor teria naufragado no mar de documentos com que deparou, ou teria sido arrastado pelo vendaval de transformações por que passa seu objeto de estudo.

O tema escolhido foi resultado de uma combinação de fatores que incluem elementos da história de vida do autor e preocupações de amplos setores da sociedade brasileira com os rumos desses meios de comunicação em nosso país.

Do ponto de vista pessoal, as origens deste trabalho estão na militância profissional desenvolvida no rádio e depois na televisão entre o início da década de 1960 e a metade da década de 1980. Indagações sobre as formas de controle desses veículos e o papel social que eles desempenham já estavam presentes naquele período, ainda que de forma não sistematizada.

A vida acadêmica, iniciada na década de 1970, forneceu os elementos metodológicos necessários para transformar um instrumento de atividade profissional num objeto de pesquisa. Foi dessa forma que surgiu a investigação sobre a Rádio e a Televisão Cultura, transformada posteriormente no livro *Atrás das câmeras* — Relações entre cultura, estado e televisão.* Ali está traçado um panorama das relações institucionais da televisão brasileira, tendo como objeto central aquele modelo de televisão pública existente no Brasil.

O passo seguinte foi ver como isso funcionava fora do país. E, nesse sentido, por toda a sua tradição histórica, não havia melhor exemplo do que o da British Broadcasting Corporation, da Grã-Bretanha. E aí as indagações pessoais do autor convergiam com as preocupações mais gerais da sociedade brasileira. Quando se discute o modelo implantado em nosso país, geralmente o caso britânico aparece como referencial. No entanto, os dados existentes sobre ele no Brasil sempre foram precários.

---

* Publicado pela Summus em 1988.

A isso devem somar-se as transformações sofridas pelo *broadcasting* europeu ao longo da década de 1980, com a onda liberalizante abalando o modelo público, da qual o sistema britânico não escapou. Foi um momento que gerou certa perplexidade entre aqueles que, no Brasil, lutavam para conquistar um controle público mais efetivo sobre o rádio e a televisão. Como defender isso de forma consistente, com exemplos internacionais, quando fora do país, e particularmente na Europa, crescia a maré da desregulamentação? Era preciso, antes de mais nada, saber em detalhes como se deu esse processo e quais foram os seus desdobramentos projetados na virada do século.

A HIPÓTESE E OS OBJETIVOS

A hipótese central construída a partir daquelas indagações era de que "os sistemas público e privado de rádio e televisão na Grã-Bretanha estabeleceram uma relação de convivência moderna, diferente de todos os outros modelos existentes no mundo e em particular do modelo brasileiro".

Com isso estava também definido o objeto da pesquisa: a convivência dos sistemas público e privado de rádio e televisão na Grã-Bretanha. Mas na sua formulação pesou fortemente o viés brasileiro que, pouco a pouco, foi sendo corrigido. O desvio mais forte foi aquele representado pelo conceito de televisão comercial, vista no Brasil como um empreendimento empresarial que tem como parâmetro, na prática, apenas as leis de mercado. Não existe nada similar na Grã-Bretanha, como depois foi constatado. Nesse importante ponto a pesquisa teve de tomar outros rumos, embora outros objetivos iniciais continuassem sendo perseguidos.

Entre eles devem ser citadas a descrição e a análise do sistema público, seus traços históricos, as justificativas teóricas que fundamentaram sua implantação e a sua composição atual; a análise das relações com o governo, identificando os momentos de tensão e de distensão entre essas partes, procurando precisar o grau de independência com que trabalham os meios de comunicação eletrônica na Grã-Bretanha; a identificação e a categorização das fontes de financiamento do sistema; a análise do impacto, para o sistema público, da implantação do modelo mantido pela propaganda e as conseqüências desse processo na reorientação das emissoras públicas; a caracterização do modelo comercial, destacando as peculiaridades decorrentes da convivência com o sistema público e a análise das relações institucionais e não-institucionais existentes entre o sistema público e as outras esferas de poder, como partidos, sindicatos e igrejas.

METODOLOGIA DE PESQUISA

Esses objetivos foram alcançados, como vimos ao longo dos capítulos anteriores. Para atingi-los foi necessária a construção de uma metodologia de coleta de dados não prevista quando da elaboração do projeto inicial. Isso foi decorrência da descoberta, depois de iniciada a investigação, de que o objeto da pesquisa passava por um momento de grande ebulição, o que gerava a produção de um elevado número de dados que necessitavam ser coletados, analisados e interpretados. Eram análises acadêmicas, noticiário da imprensa e documentos oficiais do governo e do Parlamento.

Diante disso foi necessária a elaboração de um instrumental de coleta que fosse capaz de evitar ao máximo qualquer tipo de desvio na pesquisa, levando em conta o tempo previsto para sua execução e as condições materiais concretas para sua elaboração. A referência metodológica adotada baseou-se fundamentalmente nos trabalhos clássicos de Lazarsfeld e Rosemberg (1962), Good e Hatt (1968) e Nogueira (1968) já usados na pesquisa sobre a Fundação Padre Anchieta. Aqui agregaram-se as contribuições de Galtung (1967).

Esse autor ressalta a peculiaridade de a pesquisa social trabalhar com dados que são seres humanos ou produzidos por seres humanos, "como o conteúdo das análises feitas em coleções de jornais", o que era o caso desta pesquisa. Ele mostra, também, como as relações entre esses dados geram estímulos que se tornam variáveis, afirmando, em seguida, que os valores atribuídos aos dados são obtidos como respostas aos estímulos a que eles foram submetidos. Trata-se de circunscrever, com o maior cuidado possível, a subjetividade inerente a esse tipo de dado.

Em outra parte do mesmo trabalho Galtung mostra como os níveis de coleta de dados se definem de acordo com as possibilidades de acesso que o pesquisador tem a eles. Ele apresenta três níveis: individual, o das coletividades de primeira ordem (a família, por exemplo) e o das coletividades de segunda ordem (empresas ou nações, por exemplo). E diz que "o pesquisador deve ter uma clara idéia de qual é o nível ou os níveis de ação dos dados a serem investigados e qual o grau de interação existente entre os vários níveis".

O mesmo procedimento, ainda segundo esse autor, se aplica para os produtos originários da interação humana, como o conteúdo de todo o material impresso. Diz ele:

"o jornal como unidade tem subunidades (artigos) e sub-subunidades (temas nos artigos); e tem superunidades (volumes) e super-superunidades (volumes de todos os jornais de uma cidade). Nesses conjuntos há diferentes graus de interação, que dependerão das relações que iremos focalizar".

Nessa linha o método de coleta de dados adotado procurou, em primeiro lugar, responder às indagações sobre a situação atual do *broadcasting* britânico. A justificativa para isso foi a descoberta, a partir dos primeiros contatos com pesquisadores ingleses, de que o setor estava passando por um novo e importante momento de sua história. Depois do forte processo de liberalização ocorrido na década de 1980, a situação agora era de uma certa acomodação, mas em novas bases, tanto para o setor público como para o *broadcasting* mantido pela publicidade. Esse momento gerava uma quantidade de dados muito superior à que havia sido prevista no início da pesquisa.

Para coletá-los foi necessário buscar material na imprensa (dentro das super-superunidades acima mencionadas), em vídeos produzidos especialmente para discutir o assunto e na audiência da própria programação da televisão, como dado primário de coleta. Além disso definiu-se também como fonte de coleta de dados o material oficial produzido pelo governo e pelo Parlamento, e publicado pelo HMSO (Her Majesty Stationery Office). A expectativa era de que esses dados respondessem às indagações sobre a situação de momento do sistema britânico de rádio e televisão, tornando-se ponto de partida para as etapas seguintes de coleta.

O segundo agrupamento de informações tinha como objetivo traçar o quadro histórico de todo o sistema. As fontes de dados seriam os trabalhos acadêmicos produzidos por historiadores, pelos documentos oficiais existentes nos arquivos da BBC e nas bibliotecas universitárias e pelo material publicado na imprensa.

O terceiro grupo de dados deveria responder às questões atuais a respeito do sistema. Aí duas seriam as fontes principais: o material de imprensa subdividido de acordo com os critérios metodológicos acima explicitados, mas com uma super-superunidade ainda maior, que desse conta das relações internas da Grã-Bretanha e, externas, em sua interação com a Comunidade Européia.

Dentro desse quadro definiu-se metodologicamente a coleta como um trabalho no nível de coletividades de segunda ordem, segundo a classificação de Galtung, já que o levantamento de dados seria feito no âmbito de organizações complexas, como são definidas as corporações pública e independente de rádio e televisão na Grã-Bretanha. Isso, no entanto, sem deixar de levar em conta as interações existentes com os outros níveis de ação social, sejam elas o indivíduo ou o grupo familiar. Com a clareza dessas relações é que foi possível definir as fontes de coleta e, dentro delas, as unidades existentes.

O modelo de coleta de dados foi formulado a partir de três grandes variáveis identificadas após as primeiras leituras dos trabalhos acadêmicos existentes sobre o tema: as razões histórico-filosóficas que sustentam o modelo britânico de rádio e televisão; os métodos de controle dos meios de comunicação; e as suas formas de financiamento. A expectativa era de que, respondidas as questões provocadas pela interação dessas variáveis com o sistema e entre elas próprias, estaria sendo testada a hipótese central do trabalho, segundo a qual o modelo britânico de rádio e televisão se fundamenta numa convivência peculiar entre os setores público e o privado.

A operacionalização desse processo foi então montada levando em conta as concepções metodológicas dos autores acima citados com a realidade do objeto a ser investigado. Nesse sentido foram criados três conjuntos para agrupamento de dados assim denominados: situação atual do modelo britânico de rádio e televisão, seus antecedentes históricos e as análises críticas formuladas sobre ele. As respostas às indagações contidas nesses conjuntos passaram a ser procuradas em dados secundários existentes em trabalhos acadêmicos, material de imprensa e documentos oficiais que se tornaram os grupos de dados básicos da investigação.

Com referência ao material de imprensa, é necessário salientar sua importância para uma pesquisa que pretendia não só traçar um perfil histórico e atualizado do modelo britânico de rádio e televisão, mas também apontar seus possíveis encaminhamentos futuros. Nesse sentido não há outra fonte com tanta riqueza de dados como a imprensa.

Durante praticamente todo o período de trabalho, paralelamente às outras atividades desenvolvidas e aqui descritas, foi feito um acompanhamento diário de parte das super-superunidades (volumes de todos os jornais da cidade), segundo a classificação de Galtung. A seleção dos jornais foi definida a partir de critérios correntes na distinção dos produtos da mídia impressa britânica. Foram escolhidos para fornecer esse tipo de dados os diários *The Guardian* e *Financial Times*. O primeiro por ser considerado o jornal mais crítico em relação ao governo britânico e à monarquia, com padrões jornalísticos sérios e criteriosos, e o segundo, com o mesmo grau de competência jornalística, expressando a visão dos interesses econômicos e financeiros do empresariado britânico e internacional. A eles se acrescentou uma consulta ao caderno semanal de comunicação do *Evening Standard* e da revista, também semanal, *Broadcast*. Para a obtenção de dados sobre o sistema público na Comunidade Européia, além dos obtidos nos jornais ingleses já mencionados, foi feito um acompanhamento também diário do jornal espanhol *El Pais* e semanal das seções de mídia dos jornais franceses *Le Monde* e *Liberation*.

Os primeiros resultados desse trabalho foram satisfatórios, principalmente em relação a dois aspectos da pesquisa: a obtenção de informações em torno do debate sobre a manutenção ou não de um sistema como o da BBC, baseado na licença compulsória paga pelos telespectadores, que ganhou grande espaço na imprensa no primeiro semestre de 1994 e as discussões sobre a ampliação do número de canais de rádio e televisão, com a implantação dos sistemas digitalizados de transmissões de som e imagem.

Em síntese, o quadro metodológico montado para o levantamento e categorização dos dados da pesquisa foi o seguinte:

Sistema britânico de rádio e televisão

Hipótese central: O sistema funciona tendo como base uma relação peculiar entre os setores público e privado.

Categorias gerais para teste da hipótese:
Razões histórico-filosóficas do modelo
Métodos de controle
Formas de financiamento

Operacionalização da coleta de dados:
1. Conjuntos para agrupamentos de dados
a) Situação atual do modelo

b) Análises histórico-filosóficas
c) Formas de financiamento
2. Grupos de dados secundários
a) Trabalhos acadêmicos
b) Material de imprensa
c) Documentos oficiais

REVISÃO DA LITERATURA E COLETA DE DADOS

Os maiores agrupamentos de dados foram-se constituindo em torno dos conjuntos referentes à "situação atual do modelo" e às "análises histórico-filosóficas". Graças ao primeiro foi possível elaborar um quadro atualizado dos parâmetros institucionais que marcam o modelo britânico de rádio e televisão, do ponto de vista oficial.

A questão central identificada a partir dessa leitura foi a da modificação institucional ocorrida a partir da aprovação pelo Parlamento do "Broadcasting Act 90", que entrou em vigor em 1º de janeiro de 1991. Esse documento busca conciliar a ampliação da oferta de serviços comerciais de rádio e televisão com "altos padrões de gosto e decência". Na prática ele determina a substituição da Independent Broadcasting Authority (IBA) e da Cable Authority, órgãos que licenciavam e supervisionavam todo o serviço comercial de rádio e televisão, pela Independent Television Commission (ITC), cria a Rádio Authority para supervisionar a expansão das emissoras comerciais de rádio, abre novas possibilidades de competição pelo mercado publicitário para os canais 3 e 5, privatiza o sistema de transmissão da Independent Broadcasting Authority criando a National Transcommunications Ltd e permite que o canal 4 passe a comercializar sua programação, o que não ocorria até então.

Por essa leitura foi possível, também, estabelecer a caracterização atual da estrutura do sistema. O resultado mais significativo dessa fase da coleta de dados foi a compreensão de que, apesar da expansão acentuada nos últimos anos do seu lado comercial, ele ainda é, como um todo, um serviço público.

Foi possível também descobrir, por meio desses documentos, como se dá o processo para a implantação das regras a serem obedecidas pelo sistema. Para isso não basta ler apenas um documento final como o "Broadcasting Act 90". É necessário saber como se chegou a ele. Nesse sentido foi preciso buscar o "Broadcasting the '90s: competition, choice and quality. The government's plans for Broadcasting Legislation", apresentado ao Parlamento pelo State Secretary for Home Department (que corresponde ao ministro da Justiça no Brasil), em novembro de 1988. E a proposta oficial do governo ("White Paper") para a década de 1990, na qual se destaca a autorização para o funcionamento do quinto canal terrestre, o estudo sobre a viabilidade técnica do sexto canal, a proposta de regionalização maior da programação do canal 3, a separação das vendas publicitárias dos canais 3 e 4 (exceto para o País de Gales) e a maior flexibilidade para os serviços locais de cabo e microondas.

Ao mesmo tempo, com a pesquisa de documentos como o "Annual review — BBC 1992-1993", da "Charter and licence of BBC" e do "The future of BBC: a consultation document", foi possível levantar os primeiros dados sobre o serviço público de rádio e televisão na Grã-Bretanha, com a elucidação de suas relações institucionais com o governo. São dados essenciais, sem os quais tornar-se-ia impossível ir além na pesquisa.

O conjunto sobre "as análises histórico-filosóficas" teve como referência fundamental os quatro volumes sobre a história do rádio e da televisão no Reino Unido, escritos por Asa Briggs (1961, 1965, 1970 e 1979), que abrange o período que vai dos primeiros experimentos de Marconi com o rádio até a implantação da TV comercial, descrevendo longa e detalhadamente o processo de criação e consolidação da BBC.

Do texto sobre a "Broadcasting history", de Jean Seaton (1991), foi possível extrair dados sobre alguns momentos de tensão entre a BBC e o governo, com as primeiras caracterizações dos limites reais existentes, numa confrontação com as afirmações de independência ampla contidas nos textos oficiais. Esses foram os primeiros dados que começaram a dar respostas às questões formuladas no projeto original da pesquisa sobre as relações entre o governo e o rádio e a televisão. Há o relato de alguns episódios em que houve interferência do governo na programação e que foram reproduzidos neste trabalho.

Os dados obtidos pela leitura do texto de Scannell e Cardiff (1990) permitem compreender o impacto causado na vida social do Reino Unido com o advento do rádio. Até o momento há apenas um volume publicado mostrando a evolução do serviço público de rádio e televisão por sua programação e audiência, no período compreendido entre as duas guerras mundiais. São dados que se somam aos coletados nos trabalhos de Briggs, já citados, e de Wheen (1985).

Para completar esse levantamento de elementos históricos selecionou-se um autor norte-americano, Burton Paulu (1956), que fez um histórico da estrutura legal, bases financeiras, políticas de pessoal e aspectos técnicos do sistema britânico de rádio e televisão. Da leitura desse trabalho destaca-se a análise do que ele considera "um sistema de competição controlada", elemento-chave para introduzir as questões analíticas propostas pelo projeto original desta pesquisa.

Depois de lidos, analisados e classificados os dados obtidos por meio de textos escritos basicamente por historiadores, procurou-se nesta segunda fase de análise histórica privilegiar enfoques dirigidos a aspectos particulares do sistema. Na primeira parte descobriu-se a quase personificação da BBC em torno do seu idealizador, John Reith. Por isso, nesta etapa, foi feita uma leitura mais dirigida de livros que traçam a personalidade, as idéias e as concepções de Reith sobre o rádio feitas por ele próprio (1948) e por um analista do seu período como diretor-geral da BBC (Milner, 1983).

Ao lado dessas visões pessoais, procurou-se também pesquisar a questão do monopólio defendido por Reith e mantido pela BBC durante quase trinta anos. Para isso foram consultados os livros de Coase (1950) e de J. Cain (1992). A contraparte do monopólio foi identificada nesta pesquisa pelas chamadas "rádios-pirata", surgidas na década de 1960 e historiadas por Hind e Mosco (1985). Os antecedentes da televisão comercial e as conseqüências resultantes da implantação do rádio comercial são dados fundamentais para os objetivos da pesquisa e foram obtidos por essas leituras.

A EUROPA

Nesse momento surgiu um elemento novo, não previsto no projeto original, que foi incorporado ao trabalho. Trata-se da inserção da Grã-Bretanha no modelo europeu de rádio e televisão. Mesmo correndo o risco de ampliar demais o âmbito da investigação, considerou-se necessário situar o caso britânico naquele contexto. Um conjunto de trabalhos ofereceu dados significativos que permitiram traçar um panorama atualizado da situação da televisão pública na Comunidade Européia. No atual estágio de avanço tecnológico na área da comunicação e com o grau político de integração já conseguido em parte da Europa, é impossível realizar uma pesquisa sobre um país membro desse conjunto, sem levar em consideração essa realidade.

O livro que praticamente balizou a coleta de dados nas demais leituras foi a coletânea organizada por J. G. Blumer (1992), com textos a respeito da situação da televisão em vários países do continente. Por intermédio dela foi possível descobrir os diferentes graus de autonomia que cada serviço público de televisão tem em relação ao governo do seu país, permitindo compará-los com a situação britânica. Foi possível também conhecer o que cada país espera do seu serviço público, pelos objetivos contidos nos projetos das emissoras de televisão.

O livro *Broadcasting Finance in Transition* (Blumer e Nossiter, 1991) foi trabalhado da mesma forma. Aqui a análise, também comparativa entre vários países, está centrada nas formas de financiamento do sistema. Os dados coletados por essa leitura foram agrupados para responder às indagações contidas na categoria geral desta pesquisa denominada "formas de financiamento". Trata-se de um momento importante da coleta de dados já que somente por meio deles será possível avaliar a sustentação atual do modelo britânico e suas perspectivas futuras. Como no vídeo sobre a BBC antes mencionado, aqui também a questão da universalidade do pagamento é colocada em debate. Instituída na década de 1920 como forma de garantir um serviço de rádio (e depois de televisão), independentes dos governos do dia, a "licença paga" confronta-se agora com a realidade da fragmentação das emissões e da audiência. As duas leituras desse conjunto aqui citadas tornaram-se elementos centrais da pesquisa.

Os livros seguintes, escritos por Richard Collins (1992 e 1993), tiveram como objetivo obter dados para situar a questão específica das novas tecnologias. São informações que permitem traçar um quadro atualizado do

93

momento vivido pela televisão na Europa, com satélites continentais e mercado único.

De modo seletivo foram lidos os textos comparativos sobre a televisão em seis nações industrializadas (Browne, 1989), o relato feito para a BBC por McKinsey e colaboradores (1993) sobre o sistema público em várias partes do mundo, e a coletânea de Silj (1992) sobre "a nova televisão na Europa". Esses dados foram agregados no conjunto "sistema atual do modelo", em sua parte de análise comparativa.

Cabe aqui uma referência particular aos dados obtidos no livro de Silj sobre a televisão na Europa. O seu trabalho introduziu o autor da pesquisa no debate travado no interior da Comunidade Européia a respeito do duelo travado entre a produção dos países-membros e a norte-americana. Foram também coletados dados importantes sobre os sistemas nacionais da Itália, Reino Unido, Espanha, França, Alemanha, Leste europeu e Escandinávia. Na mesma linha está a coletânea organizada por Gavin (1991) descrevendo a europeização da televisão e a legislação reguladora formulada pela Comunidade Européia.

E finalmente, nesse conjunto de textos, foi lido, analisado e categorizado o texto de Pettley e Romano (1993), inserido na coletânea *Channels of Resistance*. Dele foram extraídos dados capazes de caracterizar o momento de acomodação entre o público e o privado, depois da ofensiva liberalizante dos anos 80. Estes são também dados-chave do trabalho.

Paralelamente a essa coleta de dados em textos acadêmicos, mantinham-se a pesquisa em jornais e revistas, buscando elementos para a caracterização atual do modelo e a indicação de novas fontes de informação. Dessa forma foi possível identificar, analisar e categorizar dados obtidos a partir da leitura do "White Paper" publicado pelo governo britânico em 6 de junho de 1994, contendo as diretrizes para os dez anos seguintes da vida da BBC. Trata-se de um extenso documento que consolida as propostas do governo e as demais, formuladas ao longo do debate com a sociedade civil, e que são levadas para discussão e votação no Parlamento. Com maioria parlamentar, a proposta do governo é recebida como documento final e serviu como fonte importante de dados para a análise do futuro do sistema. Além do documento oficial foram analisados e categorizados os dados obtidos pelo material de imprensa, o que permite formular uma caracterização ampla da situação. A importância política e econômica do documento é que ele contém a proposta de renovação, por mais dez anos, da licença de funcionamento da BBC nos moldes atuais.

A seqüência da coleta de dados em trabalhos acadêmicos centrou-se, a seguir, em textos analíticos, num conjunto em que o eixo era determinado pelo livro de Barendet (1993), *Broadcasting Law*. Ele faz uma análise crítica da legislação britânica de rádio e televisão e estabelece relações com as normas vigentes na Comunidade Européia. É a ponte entre o momento mais geral do levantamento de dados sobre o sistema público na Europa e a situação no Reino Unido.

Do mesmo autor (1994), foi trabalhado um artigo no qual ele analisa criticamente as interferências governamentais na programação da BBC. Em-

94

bora breve, esse texto contém dados diretamente ligados aos objetivos gerais do projeto de pesquisa referentes aos momentos de tensão ocorridos entre a BBC e o Estado britânico.

Os demais textos deste conjunto dão conta da atualidade do problema e já fornecem dados para as primeiras tentativas de realizar análises perspectivas. Publicadas entre 1990 e 1994, essas análises levantam questões atuais, como o livro de Hood e O'Leary (1990). Nele estão os primeiros dados obtidos pela pesquisa sobre as questões referentes à relação tensa entre o serviço público e as novas tecnologias que implicam diretamente a proliferação de canais, sob pressão de fortes interesses comerciais. Trata-se de um dado inesperado, não previsto no projeto inicial, mas que, dada sua importância, encaminharia a pesquisa em nova direção.

Há também nesse trabalho dados sobre as conseqüências práticas sofridas pelo sistema por força da ação do "Broadcast Act 90", críticas a vários momentos da história do sistema público, especialmente ao monopólio e ao posterior duopólio.

Na mesma linha, mas voltando a generalizar para o continente europeu e acrescentando às transformações técnicas as recentes mudanças políticas está o texto de Jambeiro (1994). O livro trabalhado a seguir, *Reinventing the organization...* (Mulgan e Peterson, 1993), se insere na linha de coleta de dados perspectivos, e *Citizen television...* (Rushel, 1993) discute a questão das dimensões locais do serviço público.

Com a sistematização dos dados já feita e a elaboração de um *paper*, considerou-se superada a primeira fase da investigação que descreveu "a situação atual do modelo", pela pesquisa em documentos oficiais; os "antecedentes históricos", por trabalhos acadêmicos, e a "análise crítica" do serviço público na Comunidade Européia e no Reino Unido, também por esses trabalhos.

A nova etapa se propôs a coletar, analisar e categorizar dados por meio da leitura de trabalhos históricos e análises críticas sobre a comercialização do sistema de rádio e teledifusão na Grã-Bretanha e sua convivência com o sistema público. A "situação atual do modelo" continuou a ser investigada, mas agora só por meio do material de imprensa.

As questões abordadas nesse novo conjunto de textos referem-se ao problema central e mais delicado apresentado no projeto original de pesquisa: a relação entre o público e o privado no rádio e na televisão britânica. Os dados aqui coletados serviram primeiro para mostrar que a idéia de "sistema comercial", tal como conhecemos no Brasil, é inaplicável ao modelo estudado. Ele, na verdade, é tão público quanto o outro, só que se mantém por intermédio de propaganda ou de apoios publicitários. Esse dado, descoberto aqui, redirecionou a pesquisa e abriu novas áreas de investigação.

Os textos trabalhados a seguir mostram como se deram as pressões, na década de 1950, para o surgimento da televisão comercial (Wilson, 1961), analisam os primeiros anos da concorrência (Altman, Thomas e Sawers, 1962), debatem a questão da flexibilização das normas reguladoras que facilitam a abertura do mercado televisivo (Guilon e Padioleau, 1988), discutem as formas de financiamento da televisão, o comportamento estratégico da TV comercial, o leilão das franquias da ITV e a idéia da regulamentação como parte de um sistema de rádio e televisão desregulado (Gordon e Vines, 1989), colocam o problema dos pequenos mercados atingidos pelas rádios comerciais de baixa potência (Lewis e Booth, 1989), analisam as relações entre o público e o privado (Garham, 1983), descrevem a produção na televisão comercial (Alvarado e Stwart, 1985), caracterizam o modelo misto norte-americano (Hoynes, 1994), alertam para a ameaça contida no "Broadcast Act 90" ao caráter público da ITV (Goodwin, 1994) e discutem as ameaças do mercado ao futuro da BBC (Garnham, 1994).

A leitura desse conjunto de textos demandou um cuidado muito grande, já que se estava trabalhando sobre um fenômeno novo, surgido com a liberação da década de 1980, regulamentado com a legislação de 1990 e em fase de implantação. É por isso que foi necessário um breve retorno às origens do sistema comercial e uma fixação maior em trabalhos mais recentes que se propõem a analisar situações em pleno desenvolvimento e tentar prever seus desdobramentos futuros.

A dificuldade encontrada em selecionar os textos, lê-los criteriosamente, analisá-los e caracterizá-los foi compensada pela descoberta de dados surpreendentes, capazes de reformular a hipótese original da pesquisa. Um levantamento exaustivo de dados sobre a televisão e o rádio mantidos pela propaganda não estava no projeto original. No entanto, sua importância ganhou grande significado ao longo da pesquisa. Nesse sentido, um novo conjunto de textos foi selecionado para fornecer elementos capazes de ajudar na construção de um quadro histórico mais preciso a respeito da implantação do serviço comercial de rádio e televisão na Grã-Bretanha.

Desse material foram extraídos dados históricos da televisão comercial britânica, começando pela discussão ocorrida no final da década de 1940 e início da década de 1950 a respeito do papel do monopólio da BBC, na qual Sendall (1982 e 1983) e Sendall e Potter (1989 e 1990) analisam os documentos oficiais da época, especificamente o "White Paper" de 1952 que encaminha ao Parlamento a mais importante modificação ocorrida no sistema britânico de rádio e televisão desde a sua origem: a quebra do monopólio da TV (o do rádio é mantido), no primeiro livro de uma série de quatro. No segundo volume é feita uma descrição da expansão do sistema comercial, com o crescimento das franquias de TV para várias regiões do país e o fim do monopólio radiofônico. O terceiro volume fornece dados diretamente relacionados com uma das grandes categorias gerais da pesquisa que é a questão do controle das emissoras independentes, e o quarto foge ao interesse direto da investigação, já que trata do conteúdo da programação, tendo por isto sido trabalhado seletivamente.

O outro texto analisado nesta fase do trabalho (Bawring, 1946) foi localizado com a pesquisa já avançada e é a descrição de uma experiência semicomercial, anterior à implantação do monopólio público. Os dados são usados para ilustrar o momento histórico da implantação do sistema na Grã-Bretanha. Há interessantes relações com o momento similar vivido pelo Brasil.

O relato de Wilson (1961) sobre as pressões sofridas pelo Parlamento no processo de discussão e votação do fim do monopólio da BBC é uma rica fonte de dados sobre a fase de criação e implantação do sistema comercial. Descobre-se aqui uma das razões-chave da existência de um rigoroso controle público sobre a televisão independente. Os grupos contrários à sua implantação, reunidos em torno do National Television Council, embora derrotados no Parlamento, conseguiram evitar que a televisão britânica seguisse o modelo norte-americano. Está aí a explicação para a peculiaridade do modelo que, embora financiado por propaganda, é considerado público.

Os dados secundários fornecidos basicamente pelo material de imprensa, mas acompanhados por alguns dos textos lidos sobre o "momento atual do modelo", começaram a mostrar que não era possível traçar um perfil preciso da rádio e teledifusão britânica, como pretendia o projeto original, sem levar em conta a discussão de momento sobre a utilização de novas tecnologias capazes de ampliar significativamente o número da oferta de serviços, com alta qualidade técnica. Por isso foram selecionados para análise textos oficiais e análises críticas sobre o assunto.

Esses documentos forneceram informações sobre as possibilidades de desenvolvimento e transformação de cada parte do sistema de rádio e televisão da Grã-Bretanha. O primeiro, "Extendig Choise: the BBC's Role in the New Broadcasting Age", é uma publicação da BBC tornando pública a discussão de vários pontos polêmicos em torno do seu funcionamento para serem debatidos antes da renovação da sua Carta de licença. Nele há dados significativos sobre a questão da proliferação de emissoras e suas formas de manutenção. A tendência é de um crescimento das subscrições, uma queda não acentuada na publicidade e uma redução significativa da licença paga. As respostas ao "Green Paper", lançado pelo governo em novembro de 1993, com o título de "The future of BBC", são dadas pela BBC num texto chamado "Responding to the Green Paper", mostrando como ela está implementando as propostas feitas no "Extending choice..." e demonstrando como procura valorizar o dinheiro público nela aplicado. O outro, da ITC, com o título "ITC discussion document on digital television", abre a discussão a respeito do caminho existente para a televisão independente no mercado de informações digitalizadas.

Ainda dentro da mesma perspectiva, de analisar o momento atual e apontar possíveis desdobramentos, foi pesquisado um conjunto de textos, em que se destaca um subconjunto publicado pelo British Film Institute para estimular o debate em torno do conteúdo da nova carta de licença da BBC em tramitação no Parlamento durante o ano de 1995. Por meio deles foi possível obter dados necessários à elaboração de algumas análises perspectivas a respeito do futuro do serviço público britânico de rádio e TV, em termos institucionais. A primeira coletânea, organizada por S. Barnett (1993), trata da delicada questão do financiamento, uma das categorias gerais deste trabalho. Nesses textos estão alguns dados que voltam a aparecer no documento encaminhado ao Parlamento, pelo governo, propondo a manutenção da licença paga como forma de financiamento da BBC, mas insistindo na necessidade da busca de recursos pela privatização de alguns serviços e da ampliação dos mercados internacionais. Uma outra coletânea, organizada por Goodwin e Stevenson (1994), é um debate com o "Green Paper", o documento em que o governo coloca suas propostas em discussão na sociedade. São dados importantes para a reconstrução do processo decisório a respeito do sistema. A terceira coletânea, editada por W. Stevenson (1990), segue na mesma linha de debate, fornecendo dados para montar possibilidades alternativas para o futuro da BBC.

Fora do conjunto voltado especificamente para a discussão em torno da renovação da Carta de Licença, está o *paper* de Smith (1990), estabelecendo relações entre o rádio e a TV e as mudanças sociais na Grã-Bretanha, na década de 1990. E o livro de Barnett e Curry (1994) analisando a luta atual pelo controle da BBC, com detalhamento sobre a situação no rádio, na televisão e sobre as divergências em torno do conceito de serviço público.

Nesse momento houve um retorno à busca de dados sobre o contexto europeu para caracterizar melhor o processo de concentração que inclui a mídia britânica. A análise e interpretação desses dados está descrita no primeiro capítulo. O livro de Sanchez-Tabernero (1993) descreve o processo de concentração da propriedade dos meios de comunicação na Europa, com dados recentes desse processo, e é complementado, para o caso britânico, pelo trabalho de Tunstall e Palmer (1991), que traçam um perfil dos principais empresários da mídia no país, destacando particularmente as carreiras de Rupert Murdoch e Robert Maxwell. Os dois outros textos trabalhados nesta fase da pesquisa (Peak, 1994 e Ostergaard, 1992) também apresentam dados atuais da mídia britânica, informando sobre as articulações empresariais observadas no setor e identificando as ramificações existentes entre os grupos que controlam as mais significativas parcelas dos mercados de jornais, revistas, rádio e televisão terrestre, por cabo e satélite.

Foram usadas também como fontes de dados dois vídeos produzidos sobre o *broadcasting* britânico. O primeiro discute a situação atual da BBC e o seu futuro. São entrevistados o diretor geral, John Birt; o presidente do Conselho Diretor, Mamadur Hussey; o diretor de Empreendimentos, Nick Chapman e o diretor de Programas Internacionais (BBC Word Service Television), Hugh Williams. Os principais dados levantados indicam um temor interno na BBC sobre o seu futuro, especialmente pelo fato de ela ser mantida pela licença paga pelo público que agora pode escolher outras opções. O programa foi produzido e apresentado por Mary Goldring, para a Jumper Production e veiculado pelo canal 4 britânico.

O outro foi produzido pelo Glascow University Media Group, em 1986, sob o título de "TV and the miners strike". Nele foram recolhidos dados para fundamentar a parte da pesquisa que trata dos momentos de tensão entre a mídia eletrônica britânica e o governo. O vídeo apresenta uma análise feita por pesquisadores da área de comunicação sobre a cobertura feita pela BBC e pela ITV da greve dos mineiros britânicos ocorrida no final de 1985. É feita uma reconstrução de parte dos noticiários das duas emissoras para mostrar os desvios de cobertura, a favor do governo, evidenciados tanto pelos textos como pelas imagens.

Uma série de palestras e seminários sobre o rádio e a televisão da Grã-Bretanha também foram importante fonte de dados para a pesquisa. Dentre eles se destacam o promovido pelo jornal *The Guardian* sobre a concorrência para a concessão do futuro canal 5. Representantes dos quatro grupos empresariais que deram lances no leilão apresentaram suas propostas de programação, detalhando objetivos e debatendo, com o público e entre si, os rumos que pretendem dar à nova emissora terrestre de televisão. Cada concorrente forneceu aos participantes do debate um material escrito com as sínteses de suas propostas que estão, em parte, reproduzidas no Anexo.

O British Film Institute organizou outro debate, este sobre a proliferação de canais via cabo e satélite na Grã-Bretanha, com a participação de empresários, produtores, acadêmicos e estudantes. Além das demonstrações das propostas de programação das novas emissoras, houve um amplo debate sobre o uso dessa tecnologia para canais locais e comunitários.

Foi possível, em outros dois debates, aumentar o volume de dados sobre o conteúdo da televisão britânica que, embora não estivessem relacionados diretamente com o objetivo central da pesquisa, foram importantes para circunstanciá-la. O primeiro com o editor e apresentador da BBC Television, John Sargent, realizado no Goldsmiths College, a respeito da cobertura política da emissora. O segundo, organizado pelo Instituto de Estudos Latino-Americanos da Universidade de Londres e pela Canning House.

INTERPRETAÇÃO DOS DADOS E APRESENTAÇÃO DOS RESULTADOS

Diante do volume e da qualidade dos dados obtidos foi necessária uma reformulação do projeto inicial em alguns pontos. Quanto ao conteúdo, dois temas foram acrescentados: um referente ao mercado britânico da mídia, com uma análise dos grupos empresariais que atuam nesse setor, sem o que é impossível entender o *broadcasting* britânico, e outro a respeito do modelo público europeu, com o objetivo de mostrar que o serviço público de rádio e televisão faz parte de uma cultura européia e não só britânica.

A partir dessas premissas foi elaborado um plano de apresentação dos resultados, seguido em linhas gerais nos capítulos anteriores. A única alteração significativa foi a inversão da ordem de apresentação dos sistemas público e privado. Ao analisar os dados ficou claro que o sistema público não poderia ser descrito sem antes situá-lo dentro do "mercado britânico da mídia", do qual faz parte. Essa decisão na metodologia de apresentação dos resultados reflete a principal descoberta feita ao longo do trabalho: a idéia inicial da existência de um serviço público hegemônico, representado pela BBC, com o serviço comercial atuando de forma complementar foi refutada pelos dados. Dois indicadores são significativos nesse sentido: os índices de audiência pelos quais as emissoras comerciais superam as públicas e a consolidação de uma ampla rede de interesses privados que se estende da mídia impressa à televisão por cabo e satélite, passando pelas concessões das transmissões terrestres. Daí a introdução do capítulo dedicado à apresentação de um diagnóstico, o mais atualizado possível, da situação desse mercado.

Depois dessa caracterização é que foi apresentado o capítulo referente à televisão comercial, com o detalhamento e análise da legislação que a torna semipública. Esta foi outra descoberta obtida pelos dados coletados e que modifica a idéia inicial que supunha a existência de um modelo de televisão subvencionado pela propaganda, semelhante ao existente no Brasil. O capítulo mostrou que não existe essa similaridade. Só após a descrição desse modelo é que veio o capítulo sobre o modelo público, *stricto sensu*, caracterizado pela BBC. Ele é mais longo que os demais, já que houve a necessidade de aproveitar o grande volume de dados importantes coletados sobre o tema, os quais dão conta, não só da história da emissora, mas das suas relações com o governo, com a sociedade civil e com seus antigos e novos concorrentes.

REFERÊNCIAS BIBLIOGRÁFICAS

ALTMAN, W.; THOMAS, D e SAWERS, D. (1962) *TV: From Monopoly to Competition-and Back?* Londres: Institute of Economic Affairs.

ALVARADO, M. e STWART, J. (1985) *Made for Television: Euston Films Limited*. Londres: British Film Institute.

BARNETT, Steven (1993) *Funding the BBC's Future* Londres: British Film Institute.

BARNETT, S. e CURRY, A. (1994) *The Battle for the BBC, a British Broadcasting Conspiracy?* Londres: Arrun Press.

BARENDET, Enric (1993) *Broadcasting Law: a Comparative Study* Oxford: Oxford University Press.

————. (1994) *Legal Aspects of BBC Charter Renewal-Political Quarterly*. Vol. 65, nº 1, jan./ mar. 1994. Oxford: Blackwell Publishers.

BAWRING, W. R. (1946) *Commercial Broadcasting Power: the WEAF Experiment 1922-1923*. Londres: London School Library.

BBC (1993) *Annual Review: 1992-1993*. Londres: BBC Publications (1990) Charter and Licence of BBC. Londres: BBC Publications.

————. (1992) *Extending Choise: the BBC's Role in the New Broadcasting Age*. Londres: BBC Publications.

BLUMER, J. G. (1992) (ed.) *Television and The Public Interest: Vulnerable Values in West European Broadcasting*. Londres: Sage.

————. (1977) *The Political Effects on Mass Communication*. Londres: Open University.

BLUMER, J. G. e NOSSITER, T. J. (1991) *Broadcasting Finance in Transition*. Oxford: Oxford University Press.

BRIGGS, Asa (1961) *The History of Broadcasting in the United Kingdom*. Vol. 1. The Birth of Broadcasting. Oxford : Oxford University Press.

_____. (1965) *The History of Broadcasting in the United Kingdom*. Vol. 2. The Golden Ages of Wireless. Oxford: University Press.

_____. (1970) *The History of Broadcasting in the United Kingdom*. Vol. 3. The War of Words. Oxford: Oxford University Press.

_____. (1979) *The History of Broadcasting in the United Kingdom*. Vol. 4. Sound and Vision. Oxford: Oxford University Press.

BROWNE, Donald R. (1989) *Comparing Broadcast Sistems: the Experiences of Six Industrializades Nations — Iowa*. Iowa State University Press.

CAIN, John (1992) *The BBC: 70 Years of Broadcasting*. Londres: BBC Publications.

COASE, R. H. (1950) *British Broadcasting: a Study in Monopoly*. Londres: Longmans, Green and Co.

COLLINS, Richard (1993) *Broadcasting and Audio-Visual Policy in the European Single Market*. Londres: John Libbey.

_____. (1992) *Satellite Television in Western Europe*. Londres: John Libbey.

GALTUNG, Johan (1967) *Theory and methods of social research*. Oslo: Universittsforlaget.

GAVIN, Brigid (1991) *European Broadcasting Standards in the 1990s*. Manchester: Blackwell.

GARNHAM, Nicholas (1994) *The Broadcasting Market and the Future of BBC in The Political Quarterly*. Oxford: Blackwell Publishers.

_____. (1983). *Public Service Versus the Market in Screen*. Vol. 24, nº. 1, jan/fev. 83, p. 21. Londres: Screen.

GOODE, J. C. e HATT, P. (1968) *Métodos em pesquisa social*. São Paulo, Editora Nacional.

GOODWIN, Peter. (1994) *Did the ITC Save Public Service Broadcasting?* Londres: não publicado.

GOODWIN, Peter e STEVENSON, Wilf (1994) *Responses to the Green Paper*. Londres: British Film Institute.

GORDON, H. e VINES, D. (1989) *Desregulation and the Future of Commercial Television*. Aberdeen: Aberdeen University Press.

GUILLON, Bernard e PADIOLEAU, Jean-Gustave (1988) *La Regulation de La Television*. Paris: La Documentation Française.

HIND, J. e MOSCO, S. (1985) *Rebel Rádio: The Full Story of British Pirate Rádio*. Londres: Pluto.

HOOD, S. e O'LEARY, G. (1990) *Questions of Broadcasting*. Londres: Methuen.

HOME OFFICE (1990) *Broadcasting Act 90* (1990). Londres: HMSO Publications Centre.

_____. (1988) *Broadcasting in The '90s: Competition, Choice and Quality*. The Government's Plans for Broadcasting Legislation. Londres: HMSO Publications Centre.

_____. (1992) *Future (The) of the BBC*: A Consultation Document. Londres: HMSO Publications Centre.

HOYNES, William (1994) *Public Television for Sale*: Media, Market and Public Sphere. Boulder, Colorado: West Viem Press.

HUGHES, Patrick (1981) *British Broadcasting:* Programmes and Power. Bromley: Chatwell Bratt.

INDEPENDENT Television Commission. *(1993) Discussion Document on Digital Television*. Londres.

MCKINSEY and Company (1993) *Public Service Broadcasters Around the World*: a Mc Kinsey Report for BBC, April 1, 1993. Londres: BBC.

JAMBEIRO, O. (1994) *Tendencies on Television*. Londres: não publicado.

LAZARSFELD, P. F. e ROSEMBERG, M. (1962) *The Language of Social Research*. Glecoe Free Press.

LEWIS, P. M. e BOOTH, J. (1989) *The Invisible Medium*: Public, Commercial and Community Radio. Londres: Macmillan.

MILNER, Roger (1983) *Reith: the BBC Years*. Edimburgo: Mainstream.

MULGAN, G. e PETERSON, R. (1993) *Reinventing the Organisation* — BBC Charter Review Series. Londres: British Film Institute.

NOGEUIRA, Oracy. (1968) *Pesquisa social, introdução às suas técnicas*. São Paulo: Editora Nacional.

OSTERGAARD, Bernt Stubbe (1993) *The Media in Western Europe*: The Euromedia Handbook. Londres: Sage.

PAULU, Burtun (1956) *British Broadcasting*: Radio and Television in the UK. Oxford: Oxford University Press.

PEAK, Steve (1994) *The Media Guide* 1995. Londres: Fourth Estate.

PETLEY, Julian e ROMANO, Gabriela (1993) "After the Deluge, Public Service: Television in Western Europe". *In* DOWMUNT, Tony. *Channels of Resistance. Global Television and Local Epowerment*. Londres: British Film Institute e Channel Four.

REITH, John. *Into the Wind* (1948). Londres: Hodder e Stoughton.

RUSHEL, Dare (1993) *Citizen Television*: A Local Dimensions to Public Service Broadcasting. Londres: J. Libbey.

SANCHEZ-TABERNERO, Alfonso (1993) *Media Concentration in Europe*: Commercial Enterprise and the Public Interest. Manchester: European Institute for the Media.

SCANNEL, Paddy e CARDIFF, David (1990) *A Social History of British Broadcasting*. Oxford: Basil Blackwell.

SEATON, Jean (1991) "Broadcasting History". *In* CURRAN, J. e SEATON, J. (orgs.) *Power Without Responsibility*. Londres: Routdlege.

SILJ, Alessandro, ed. (1992) *The New Television in Europe*. Londres: John Libbey.

SENDALL, Bernard (1982) *Independent Television in Britain* (Vol. 1) Origin and Foundation, 1946-62. Londres: Macmillan.

—————. (1983) *Independent Television in Britain* (Vol. 2) Expansion and change. 1958-68. Londres: Macmillan.

SENDALL, Bernard e POTTER, Jeremy (1989) *Independent Television in Britain*. Vol. 3, Politics and control — 1968-80. Londres: Macmillan.

—————. (1990) *Independent Television in Britain* (Vol. 4) Companies and programmes — 1968-80. Londres: Macmillan.

SMITH, Anthony (1990) *Broadcasting and Society in 1990's Britain*. Londres: W. H. Smith.

TUNSTALL, Jeremy e PALMER, Michael (1991) *Media Moguls*. Londres: Routledge.

WHEEN, Francis (1985) *Television: A History*. Londres: Century.

WILSON, H. H. (1961) *Pressure Group. The Campaign for Commercial Television*. Londres: Secker e Warburg.

ANEXO

Os lances e as propostas para o canal 5

A implantação do terceiro canal terrestre de televisão comercial na Grã-Bretanha, o canal 5, foi estabelecida pelo "Broadcasting Act 90". No edital de concorrência publicado pela Independent Television Commission (ITC), está estabelecido que a nova rede deve entrar no ar em 1º de janeiro de 1997. Esse prazo foi prorrogado, posteriormente, para 30 de março de 1997, a pedido do grupo vencedor. Em 2 de maio de 1995 foram abertas as quatro propostas apresentadas. O maior lance foi dado pelo grupo canadense CanWest (UKTV): US$ 58 milhões anuais. Em segundo lugar, empatados, ficaram os grupos Pearson (Channel 5 Broadcasting Ltd.) e Virgin (Virgin TV) que ofereceram US$ 35,203 milhões. O menor lance foi da News International, de Rupert Murdoch, que ofereceu U$ 3,6 milhões. A decisão sobre o grupo vencedor leva em conta a possibilidade concreta do pagamento anual do lance oferecido pelas projeções financeiras incluídas na proposta, além de avaliações da competência técnica e dos níveis de programação propostos.

Este é um resumo das propostas apresentadas pelas quatro empresas concorrentes de acordo com documento produzido pela ITC para debate público, com solicitação de manifestações individuais ou coletivas de qualquer setor social interessado.

Channel 5 Broadcasting LTD

Acionistas: Pearson, MAI, LCT, Warburg Pincus Ventures
Lance: US$ 35,203 milhões.

Educação de adultos e ação social: Cinco horas e trinta minutos de educação de adultos por semana e cinqüenta minutos semanais de programas de ação social.

O novo canal será uma "fonte de apoio da cidadania" incluindo um trabalho de parceria com o Centro Nacional de Apoio aos Cidadãos.

Em cinco dias da semana haverá meia hora dedicada ao lazer e ao ensino, além de programas matinais produzidos em conjunto com a "Open University" para o público que necessita de preparação para novos empregos. Haverá uma Unidade de Produção de Serviço Público para "estimular, coordenar e assessorar organizações sem fins lucrativos e ajudá-las a levar seus temas para a televisão".

Documentários jornalísticos: Uma hora e 44 minutos semanais "produzidos por um grande número de companhias independentes", incluindo o programa "Focus on Five" de dez minutos diários durante a semana e de trinta minutos aos domingos, analisando as principais notícias do dia e da semana.

Infantis: Catorze horas semanais, incluindo um noticiário para crianças com duas horas e meia por semana produzidos em cooperação com organizações voluntárias ligadas à infância.

Noticiário: Seis horas por semana, incluindo cobertura das ações comunitárias e das questões ambientais.

Religião: Uma hora por semana, com destaque para dilemas éticos e controvérsias religiosas.

Teatro: 33 horas incluindo "Lifeline", sobre a vida das pessoas que trabalham num hospital e num centro veterinário e "DJ's", sobre as ações de um escritório de auxílio jurídico, nas áreas críticas da grande cidade e seus casos.

Programas variados: 21 horas por semana de shows, vinte horas de esportes, 67 horas de teatro e entretenimento.

Além disso, a proposta inclui a criação de um fundo anual para eventos em benefício das entidades britânicas de caridade, o estímulo à realização de programas pelas minorias e o auxílio, por meio de diferentes tecnologias, para o acesso à programação de deficientes visuais e auditivos.

Virgin TV

Acionistas: Assoc White Rose/Associated Newspapers, HTV, Paramount TV, Philips, Virgin Communications, Electra Investment Trust
Lance: US$ 35,203 milhões.

Educação de adultos e ação social: "Network", um programa ao vivo, com duas horas semanais, aproximadamente, produzido para "refletir as necessidades sociais da população e promover ações individuais e coletivas". Haverá todas as formas possíveis para encorajar a participação direta dos telespectadores via telefone, fax ou *e-mail*, além do correio. Os temas serão relacionados à cobertura da saúde pessoal, questões legais, moradia, finanças, emprego, com especialistas auxiliando nas respostas.

Documentários jornalísticos: Uma hora por semana, dividida em duas partes. Uma interativa, ouvindo questões do público por telefone em todo o país e outra convencional, produzida por repórteres e redatores da emissora.

Infantis: Oito horas por semana de programas inéditos dentro de uma programação de trinta horas por semana para crianças.

Noticiário: Quatro horas e 37 minutos por semana.

Religião: Objetivando atingir o público jovem e seus pais, cobrindo temas espirituais e éticos.

Programas variados: Quinze horas por semana, incluindo "Live at Two". Setenta horas de teatro e entretenimento. Não haverá cobertura esportiva.

Além disso, propõe a produção de textos em braile para auxiliar o acesso à programação de deficientes visuais e o estímulo ao trabalho das produtoras independentes.

New Century Television

Acionistas: Granada, TCI International, BSkyB, Poligram, Kinnevik, Goldman Schs, Hoare Govett, The Really Useful Group e mais alguns pequenos acionistas.
Lance: US$ 3,6 milhões.

Educação de adultos e ação social: Quinze minutos por semana de educação de adultos e dez minutos por semana de ação social, incluindo dois minutos por dia transmitidos do Centro Nacional de Auxílio na Busca de Pessoas Desaparecidas.

Documentários jornalísticos: Sete horas e trinta minutos. "Five Live", um programa diário refletindo os objetivos e dilemas do cotidiano, como elemento de ação social.

Infantis: Dezoito horas e trinta minutos por semana. Noticiário para crianças: duas horas por semana de programas originais.

Religião: Uma hora e trinta minutos por semana, usando técnicas de documentários jornalísticos para focalizar temas morais e religiosos.

Teatro: "Helpline", uma série baseada no trabalho dos serviços de aconselhamento para casos de emergência, focalizando os dramas originados pelas pressões da vida moderna. "Partners", uma novela original centrada em ações legais no âmbito da família, cobrindo uma grande quantidade de temas sociais.

Programas variados: Catorze horas por semana, incluindo nove horas de programas produzidos pela própria emissora. "The Morning Show" é um exemplo de uma revista de variedades diárias. Seis horas de esportes. Cento e onze horas de teatro e entretenimento.

A emissora funcionará 24 horas diariamente.

UKTV

Acionistas: CanWest Global Comms, Seledt TV, Scandinavian Broadcast System, The Ten Group
Lance: US$ 58 milhões.

Educação de adultos e ação social: Programação sempre fundamentada em material escrito produzido sobre os temas. Educação de adultos, duas horas por semana. Ação Social, duas horas por semana. "O foco será nas ações do conjunto das comunidades, para estimular e encorajar as pessoas a perceberem que o desenvolvimento pessoal, o esporte, os cuidados com o corpo e a educação na fase adulta estão ao alcance delas..."

Documentários jornalísticos: Sete horas e trinta minutos, incluindo no horário nobre o programa "The Heartbeat of the UK", de debates sobre questões nacionais.

Infantis: Vinte horas e trinta minutos por semana incluindo o noticiário para crianças, de duas horas por semana, "Kidsbeat", com temas atuais como o desaparecimento de crianças, os efeitos das guerras sobre elas e as formas de protegê-las. Ao mesmo tempo haverá programação para adolescentes, estimulando-os a se manifestarem a respeito do que é apresentado pelo telefone, fax ou *e-mail*.

Noticiário: Sete horas e trinta minutos por semana.

Religião: Uma hora por semana. "Nós não focalizaremos temas éticos ou sociais, apenas religião."

Programas variados: Seis horas por semana, incluindo "UK Today", uma revista matinal com segmentos regulares de ação social. Quatro horas e trinta minutos por semana de esportes e 78 horas de teatro e entretenimento.

* * *

O vencedor da concorrência foi o Channel 5 Broadcasting LTD formado pelas empresas britânicas United News and Media PLC (com 29% das ações) e Pearson (com 24%); pela multieuropéia LCT (com 29%) e pela norte-americana Warburg Pincus Company (com 18%).

BIBLIOGRAFIA COMPLEMENTAR

Além das publicações citadas como referências ao final de cada capítulo, devem ser acrescentadas as seguintes leituras complementares:

FERNANDEZ, Fernando Quirós (1989) "Estrutura da Informação na Comunidade Econômica Européia". *In Intercom Revista Brasileira de Comunicação*. Vol. 60, jan./jun. de 1989, São Paulo: Intercom.

GARNHAM, Nicholas (1990) *Capitalism and Communication — Global Culture and the Economics of Information*. Londres: Sage .

GOODE, J. C. e HATT, P. (1968) *Métodos em pesquisa social*. São Paulo: Editora Nacional.

GOODWIN, Peter. (1994) *Did the ITC Save Public Service Broadcasting?* Londres: não publicado.

HOOD, Stuart, ed. (1995) *Behind the Screens*. Londres: Lawrence and Wishart.

MCNAIR, Brian (1994) *News and Journalism in the UK*. Londres: Routledge.

MCQUAIL, Denis (1992) *Media Performance-Mass Communication and Public Interest*. Londres: Sage.

NEGROPONTE, Nicholas (1995) *Being Digital*. Londres: Hodder and Stonghton.

NOAM, Eli (1991) *Television in Europe*. Oxford: Oxford University Press.

TUNSTAL, Jeremy (1996) *Newspaper Power — The New National Press in Britain*. Oxford: Clarendon Press.

WILSON, John (1996) *Understanding Journalism*. Londres: Routledge.

NOVAS BUSCAS EM COMUNICAÇÃO
VOLUMES PUBLICADOS

1. *Comunicação: teoria e política* — José Marques de Melo.
2. *Releasemania — uma contribuição para o estudo do press-release no Brasil* — Gerson Moreira Lima.
3. *A informação no rádio — os grupos de poder e a determinação dos conteúdos* — Gisela Swetlana Ortriwano.
4. *Política e imaginário nos meios de comunicação para massas no Brasil* — Ciro Marcondes Filho (organizador).
5. *Marketing político e governamental — um roteiro para campanhas políticas e estratégias de comunicação* — Francisco Gaudêncio Torquato do Rego.
6. *Muito além do Jardim Botânico — um estudo sobre a audiência do Jornal Nacional da Globo entre trabalhadores* — Carlos Eduardo Lins da Silva.
7. *Diagramação — o planejamento visual gráfico na comunicação impressa* — Rafael Souza Silva.
8. *Mídia: o segundo Deus* — Tony Schwartz.
9. *Relações públicas no modo de produção capitalista* — Cicilia Krohling Peruzzo.
10. *Comunicação de massa sem massa* — Sérgio Caparelli.
11. *Comunicação empresarial/comunicação institucional — Conceitos, estratégias, planejamento e técnicas* — Francisco Gaudêncio Torquato do Rego.
12. *O processo de relações públicas* — Hebe Wey.
13. *Subsídios para uma Teoria da Comunicação de Massa* — Luiz Beltrão e Newton de Oliveira Quirino.
14. *Técnica de reportagem — notas sobre a narrativa jornalística* — Muniz Sodré e Maria Helena Ferrari.
15. *O papel do jornal — uma releitura* — Alberto Dines.
16. *Novas tecnologias de comunicação — impactos políticos, culturais e socioeconômicos* — Anamaria Fadul (organizadora).
17. *Planejamento de relações públicas na comunicação integrada* — Margarida Maria Krohling Kunsch.
18. *Propaganda para quem paga a conta — do outro lado do muro, o anunciante* — Plinio Cabral.
19. *Do jornalismo político à indústria cultural* — Gisela Taschner Goldenstein.
20. *Projeto gráfico — teoria e prática da diagramação* — Antonio Celso Collaro.
21. *A retórica das multinacionais — a legitimação das organizações pela palavra* — Tereza Lúcia Halliday.
22. *Jornalismo empresarial* — Francisco Gaudêncio Torquato do Rego.
23. *O jornalismo na nova república* — Cremilda Medina (organizadora).
24. *Notícia: um produto à venda — jornalismo na sociedade urbana e industrial* — Cremilda Medina.
25. *Estratégias eleitorais — marketing político* — Carlos Augusto Manhanelli.
26. *Imprensa e liberdade — os princípios constitucionais e a nova legislação* — Freitas Nobre.
27. *Atos retóricos — mensagens estratégicas de políticos e igrejas* — Tereza Lúcia Halliday (organizadora).

28. *As telenovelas da Globo — produção e exportação* — José Marques de Melo.
29. *Atrás das câmeras — relações entre cultura, Estado e televisão* — Laurindo Lalo Leal Filho.
30. *Uma nova ordem audiovisual — novas tecnologias de comunicação* — Cândido José Mendes de Almeida.
31. *Estrutura da informação radiofônica* — Emilio Prado.
32. *Jornal-laboratório — do exercício escolar ao compromisso com o público leitor* — Dirceu Fernandes Lopes.
33. *A imagem nas mãos — o vídeo popular no Brasil* — Luiz Fernando Santoro.
34. *Espanha: sociedade e comunicação de massa* — José Marques de Melo.
35. *Propaganda institucional — usos e funções da propaganda em relações públicas* — J. B. Pinho.
36. *On camera — o curso de produção de filme e vídeo da BBC* — Harris Watts.
37. *Mais do que palavras — uma introdução à teoria da comunicação* — Richard Dimbleby e Graeme Burton.
38. *A aventura da reportagem* — Gilberto Dimenstein e Ricardo Kotscho.
39. *O adiantado da hora — a influência americana sobre o jornalismo brasileiro* — Carlos Eduardo Lins da Silva.
40. *Consumidor versus propaganda* — Gino Giacomini Filho.
41. *Complexo de Clark Kent — são super-homens os jornalistas?* — Geraldinho Vieira.
42. *Propaganda subliminar multimídia* — Flávio Calazans.
43. *O mundo dos jornalistas* — Isabel Siqueira Travancas.
44. *Pragmática do jornalismo — buscas práticas para uma teoria da ação jornalística* — Manuel Carlos Chaparro.
45. *A bola no ar — o rádio esportivo em São Paulo* — Edileuza Soares.
46. *Relações públicas: função política* — Roberto Porto Simões.
47. *Espreme que sai sangue — um estudo do sensacionalismo na imprensa* — Danilo Angrimani.
48. *O século dourado — a comunicação eletrônica nos EUA* — S. Squirra.
49. *Comunicação dirigida escrita na empresa — teoria e prática* — Cleuza G. Gimenes Cesca.
50. *Informação eletrônica e novas tecnologias* — María-José Recoder, Ernest Abadal, Lluís Codina e Etevaldo Siqueira.
51. *É pagar para ver — a TV por assinatura em foco* — Luiz Guilherme Duarte.
52. *O estilo magazine — o texto em revista* — Sergio Vilas Boas.
53. *O poder das marcas* — J. B. Pinho.
54. *Jornalismo, ética e liberdade* — Francisco José Karam.
55. *A melhor TV do mundo — o modelo britânico de televisão* — Laurindo Lalo Leal Filho.
56. *Relações públicas e modernidade — novos paradigmas em comunicação organizacional* — Margarida Maria Krohling Kunsch.
57. *Radiojornalismo* — Paul Chantler e Sim Harris.
58. *Jornalismo diante das câmeras* — Ivor Yorke.
59. *A rede — como nossas vidas serão transformadas pelos novos meios de comunicação* — Juan Luis Cebrián.
60. *Transmarketing — estratégias avançadas de relações públicas no campo do marketing* — Waldir Gutierrez Fortes.
61. *Publicidade e vendas na Internet — técnicas e estratégias* — J. B. Pinho.
62. *Produção de rádio — um guia abrangente da produção radiofônica* — Robert McLeish.
63. *Manual do telespectador insatisfeito* — Wagner Bezerra.
64. *Relações públicas e micropolítica* — Roberto Porto Simões.
65. *Desafios contemporâneos em comunicação — perspectivas de relações públicas* — Ricardo Ferreira Freitas, Luciane Lucas (organizadores).
66. *Vivendo com a telenovela — mediações, recepção, teleficcionalidade* — Maria Immacolata Vassallo de Lopes, Silvia Helena Simões Borelli e Vera da Rocha Resende.
67. *Biografias e biógrafos — jornalismo sobre personagens* — Sergio Vilas Boas.
68. *Relações públicas na internet — Técnicas e estratégias para informar e influenciar públicos de interesse* — J. B. Pinho.
69. *Perfis — e como escrevê-los* — Sergio Vilas Boas.
70. *O jornalismo na era da publicidade* — Leandro Marshall.
71. *Jornalismo na internet* – J. B. Pinho.

------------------------------ dobre aqui ------------------------------

ISR 40-2146/83
UP AC CENTRAL
DR/São Paulo

CARTA RESPOSTA
NÃO É NECESSÁRIO SELAR

O selo será pago por

summus editorial

05999-999 São Paulo-SP

------------------------------ dobre aqui ------------------------------

A MELHOR TV DO MUNDO

summus editorial

CADASTRO PARA MALA-DIRETA

**Recorte ou reproduza esta ficha de cadastro, envie completamente preenchida por correio ou fax,
e receba informações atualizadas sobre nossos livros.**

Nome:_____ Empresa:_____

Endereço: ☐ Res. ☐ Coml. _____ Bairro:_____

CEP: _____-_____ Cidade: _____ Estado: _____ Tel.: ( ) _____

Fax: ( ) _____ E-mail: _____ Data de nascimento: _____

Profissão:_____ Professor? ☐ Sim ☐ Não Disciplina: _____

1. Você compra livros:

☐ Livrarias   ☐ Feiras
☐ Telefone   ☐ Correios
☐ Internet   ☐ Outros. Especificar:_____

2. Onde você comprou este livro?

_____

3. Você busca informações para adquirir livros:

☐ Jornais   ☐ Amigos
☐ Revistas   ☐ Internet
☐ Professores   ☐ Outros. Especificar:_____

4. Áreas de interesse:

☐ Educação   ☐ Administração, RH
☐ Psicologia   ☐ Comunicação
☐ Corpo, Movimento, Saúde   ☐ Literatura, Poesia, Ensaios
☐ Comportamento   ☐ Viagens, *Hobby*, Lazer
☐ PNL (Programação Neurolingüística)

5. Nestas áreas, alguma sugestão para novos títulos?

_____

6. Gostaria de receber o catálogo da editora? ☐ Sim ☐ Não

7. Gostaria de receber o Informativo Summus? ☐ Sim ☐ Não

Indique um amigo que gostaria de receber a nossa mala-direta

Nome:_____ Empresa:_____

Endereço: ☐ Res. ☐ Coml. _____ Bairro:_____

CEP: _____-_____ Cidade: _____ Estado: _____ Tel.: ( ) _____

Fax: ( ) _____ E-mail: _____ Data de nascimento: _____

Profissão:_____ Professor? ☐ Sim ☐ Não Disciplina: _____

summus editorial
Rua Itapicuru, 613 – 7º andar   05006-000   São Paulo - SP   Brasil   Tel.: (11) 3872 3322   Fax: (11) 3872 7476
Internet: http://www.summus.com.br   e-mail: summus@summus.com.br